英語徹底口練！

Learn English from ear to mouth.

CD付
てっていくちれん

東京都立大学名誉教授　青山学院大学教授
今井邦彦 | 外池滋生 共著
Joseph T. McKim | 英文

実務教育出版

はじめに

　前著『英語徹底耳練！』の姉妹書ともいえる本書『英語徹底口練！』は、「英語は発音し分けられなければ、本当に聴き取ることもできない」そして「聴き取れるようになれば、自ずと発音し分けられるようになる」という基本的な立場にたって編まれています。『英語徹底耳練！』のなかで述べたように、英語を聴き取るための重要なポイントは5つあります。

　それは、
　①聴き分けるべき「単語」を知る
　②前後関係で単語の「発音は変わること」を知る
　③英語の「リズム」を知る
　④日本語と英語の「音節構造の違い」を知る
　⑤英語圏の「発音の多様性」を知る
　の5つです。

　本書『英語徹底口練！』では、その5つのトレーニング・ポイントに、さらに「文強勢とイントネーションの働きを知る」を重要なポイントとして加えました。そして、全体として英語音声を聴き分けることから出発して、それらを発音し分けること（口練）にまで発展させることができるように構成されています。「発音」と「聴き分け」のどちらに関しても日本語話者が最低限心得ていなければいけない英語の「癖」と日本語の「癖」について音声学的な解説を加え、読者にまず頭で理解してもらい、その基本的知識を利用して実際に発音練習するうちに、自然と耳が覚え（耳練）、口が覚え（口練）てしまうように工夫してあります。

本書掲載の例文やCD音声にもいろいろな工夫をしました。まず、自然な英語の発音を理解してもらうために、意図的に日本語なまりの英語や、不自然にゆっくりした発音も示してあります。また、**例文には音声的なポイントを示すことに重点を置いたものと、実際の会話で役に立つ慣用的な表現の両方を盛り込むようにしました**。特にリズムとイントネーションは理屈だけでの理解には限界があります。どのような状況で、どのような気持ちで使うかを想像しながらCDを聴ければ、飽きずに繰り返し学習できることと思います。

　また本書のなかでも繰り返し述べていることですが、英語を聴き取り、発音し分けるのは、英語によるコミュニケーションの手段でしかありません。豊かなコミュニケーションのためには日頃から英語を読み、語彙力、文法力などを強化しておく必要があります。

　そのような姿勢で、本書を活用し、英語のリスニング力、発音力を高め、英語を楽しむようになってほしいというのが、われわれ著者の願いです。

2007年8月

著者

目次

- はじめに……1
- 口練の課題（聴き取り・発音の基礎）……6
- 本書の構成と活用法……10

第一部 理論編
どうすれば英語の「聴き取り・発音」が上達するのか？

| Lesson 1 | 何が英語を聴き取りにくくしているのか?……14
| Lesson 2 | 英語は強勢拍子の言語である!……22
| Lesson 3 | 文強勢はどの語に置かれるか?……26
| Lesson 4 | どの単語を弱く発音するか?……34
| Lesson 5 | 文強勢のある・なしで音が変わるもの……42
| Lesson 6 | 英語と日本語の音節構造の違い……52
| Lesson 7 | 英語ではイントネーションが重要……58
| Lesson 8 | 判断の保留を示すイントネーション……64
| Lesson 9 | 多様な母音の発音……72
| Lesson 10 | 日本人が苦手な子音のレッスン❶……80
| Lesson 11 | 日本語にない子音のレッスン❷……86
| Lesson 12 | 日本語と少し違う子音のレッスン❸……94

第二部 実践編
英語の「発音・連続音」を攻略するトレーニング

Lesson 13　紛らわしい子音（load と road, thick と sick）……102

Lesson 14　w と y に母音が続く語（wood, year, wet, yes）……106

Lesson 15　語頭で子音が連続する語（school, sports, snow）……110

Lesson 16　語頭の破裂音に r や l が続く語（play, drive, blue）……114

Lesson 17　語頭の摩擦音に r や l が続く語（sleep, fresh, throw）……118

Lesson 18　語頭で子音が3つ続く語（street, spring, script）……122

Lesson 19　語頭の子音に w が続く語（swing, twin, quick）……126

Lesson 20　語末で2つの子音が連続する語（eggs, chips, mix）……130

Lesson 21　語末で s や z にさらに子音が続く語（ask, fasten, risen）……134

Lesson 22　語末で r や l にさらに子音が続く語（park, child, short）……138

Lesson 23　単語と単語を連続して発音する……142

Lesson 24　子音で終わる語の聴き取りと発音（pass, jazz）……146

Lesson 25　語末の摩擦音と母音がつながる発音……150

Lesson 26　語末の聴こえづらい破裂音（soup, work, net）……154

Lesson 27　語末の聴こえづらい有声破裂音（dog, club, good）……158

Lesson 28　語末の破裂音と母音がつながる発音……162

Lesson 29　語末で聴き分けづらい「ン」の音（can, team, song）……166

Lesson 30　語末で聴き分けづらい音（cards と cars）……170

Lesson 31	語末で聴き分けづらい鼻音の「ン」(fan, bring, come)	174
Lesson 32	子音が語にまたがって連続する場合の発音	178
Lesson 33	意外と聴き取りやすい複雑な子音連続(best friend)	182
Lesson 34	you の前で変化する音(meet you, need you)	186
Lesson 35	変化する「ラ行」の音(little, mirror, pudding)	190
Lesson 36	化ける「ン」の音(on the team, international)	194
Lesson 37	覚えておきたい短縮表現(going to, should have)	198
Lesson 38	慣用的な省略	202
Lesson 39	前置詞や接続詞の聴き取りや発音	206
Lesson 40	イギリス英語・オーストラリア英語の発音	210

Column

英語語法の癖……21

ウエスギ・ケンシン?　アリゲーター?……33

自分で発音できれば他人に教えられるとは限らない……41

意地悪なジョーク……57

「ビア・ツー」……85

if は「もし」?……93

「何番目」＝ which……100

口練の課題（聴き取り・発音の基礎）

1　英語の「癖」を知る

　はじめて日本のテレビでアナウンサーがニュース（日本語）を読み上げるのを「見た」アメリカ人が「日本人って腹話術師みたいだね」と言ったそうです。彼にとっては、音声が聴こえているにもかかわらず、アナウンサーの口がほとんど動いていないように思えたからでしょう。

　逆に、日本のテレビでも放映されている英米のニュースをしゃべるアナウンサーの口元をよく見てください。口やあごの開き方といい、唇の動き方といい、ずっと「派手な」ことがわかります。

　これは発音に際しての日英語の「癖」に由来します。英語は舌の高さをいろいろに変えて、さまざまな種類の母音を出します。おまけに下唇と上の歯をくっつけて five の f や v などという音を出したり、上下の歯の間に舌を挟んで think や this の th- の音を出したりします。こういう、「口の中を最大限に活用する」英語とくらべると、日本語というのは、発音の上で大層「控えめな」言語なのです。

　それだけではありません。上のテレビの話のように、日本語のニュースと英語のニュースを聴きくらべてください。前者は比較的なだらかな、強弱の差の少ない音であるのに対し、後者は強い・弱いの差がむやみに激しいことがわかります。おまけに、英語では、You see the traffic lights there?（あそこに交通信号が見えるでしょう？）のようにカタカナ英語で書けば「ユー・シー・ザ・トラフィック・ライツ・ゼア」と書き表わしたくなる文が、特に会話の場合などでは「シーズ・トラフィライッエア」のように発音されます。これは、英語には日本語と違って traffic lights there の下線部分のように「間に母音を置くことなしに子音が続く」という特徴がある上に、「強弱の差の激しさ」もあるため、子音を、そして母音さえも省略してしまう傾向が強いからです。

　日本語を背景として持つ日本人が、これだけ「癖」の違う英語の聴き取り、発音をマスターすることは一見難しいことに思えるかもしれません。でも心配無用です！　次の２と３を十分心得て、本書を活用すれば、それは実は容易なことなのです。

2 聴き取り・発音はまず「理屈を知る」から

多くの人は,「英語の聴き取り・発音は、ともかくたくさん英語を聞いて、ネイティヴの人々の口まねをすれば上達する」と思い込んでいます。とんでもない誤りです。英語国で生まれ育つなら別ですが、一定年齢を過ぎてからは、「この音とこの音は、舌の使い方がこのように違う」「この音を出すには唇がこのように動く」などのこと、つまりこの本で扱っている「理屈」を知らなければ、聴き取り・発音のどちらも進歩しません。

もう一つの似たような誤解として、「英語のネイティヴ・スピーカーなら、誰でも英語の発音を教えられるはずだ」という考えがあります。いくら英語のネイティヴ・スピーカーであっても、音声学の知識がなければ英語の発音は教えられないのです。立場を逆にして考えてみてください。日本語を習っているアメリカ人は"信頼"と"寝台"の聴き分け・発音し分けがよくできないことがあります。「ラとダはどう違うのですか？」と質問されたら読者はどう答えますか？　確かに正しい発音の見本はいくらでも聴かせてやれるでしょう。けれども、具体的にどう発音するかについて、次のような説明ができますか？「英語で radio とか rain とか言ってみてください。舌の先が口の天井に近づいているでしょう？　ラのときはその舌先を口の天井に近づけるだけでなく、天井を弾くようにするのです。一方、ダのときは、舌先を上の前歯の裏にあて、その後アという音を出せばダになるのです」と。こういう説明ができなければ、あなたには日本語の発音を外国人に教える資格はないのです。

3 語彙力・文法力も大事

言うまでもないことですが、相手が使った単語や文型を知らなかったら聴き取りはできませんし、こちらが何かを伝えたくても、その内容に必要な単語・文型が身に付いていなければ口に出すことができません。この本はもっぱら音声学的立場から聴き取り・発音を扱っていますが、普段から英語で書かれた小説・評論などに親しみ、英文法の本に目を通すなどして、

語彙力・文法力を養うようにしてください。それが聴き取り力・発音力の源泉になるのです。

　もう一つ。相手はこちらが外国人であることを知っているので、難しい単語は避けようとします。ところが、彼らが難しかろうと考えるのは、綴りが長く、かついわゆる「固い」単語で、これは書物を通じて英語に接することの多い日本人にはむしろ易しいのです。難しいのは catch on とか put up with とか、簡単な単語を組み合わせた「熟語的」用法で、皮肉なことにネイティヴ・スピーカーたちはこうした「熟語」のほうがこちらにとって易しいと考えるようです。

　quite a few が「非常に多くの」の意味であったり、I could do with a beer. が「ぜひビールが飲みたい」であり、John is not known for generosity. が「ジョンはケチで有名だ」であることを知らないとコミュニケーションがうまくとれません。また、相手もこちらが What is imcomprehensible to me is...「私にとって不可解なのは...」というような堅苦しい言い方をするよりも、特に会話などの場合は The thing I can't make out is...「どうもよくわからないんだけどさ...」のような口の利き方をするほうが、「あ、この人はわれわれと同じような英語をしゃべる」とばかり、安心したり、親近感を覚えるようです。品の悪い英語を使うのはむろん厳禁ですが、いわゆる口語表現に通じておくことは聴き取り・発音だけでなく、伝達上大事なことです。

4　コミュニケーションの達人をめざせ

　英語は、英語を母国語とする人（ネイティヴ）が話すと自然な連続した音声になります。つまり、ネイティヴの人々は、無意識のうちに音声学の言い方でいう音の「同化」や「脱落」、「連結」などを行っています。
ネイティヴの発音では、かなりの数の音素が実際には発音されなかったり、あるいは変化して発音されています。このことを知っておくことは、きちんとした聴き取りにも、また自分の発音を向上させるためにも重要です。

口練の課題

　本書では、英語を聴き取るためのそのようなポイントと、外国人としてネイティヴに通じるように英語を発音するためのポイントを、リズムやイントネーション、強勢の問題なども含めてかなり詳しく、具体例とともにまとめました。

　どうか、発音の「理屈」がわかって初めて、外国語の聴き取りも発音もできようになるんだということ、そして語彙力・文法力が聴き取り・発音にとって重要であることを、十分に自覚してこの本を活用し、英語によるコミュニケーションの達人になってください。

本書の構成と活用法

■「聴き取り」と「発音」をともに上達させる

　本書は、英語音声を聴き分けること（耳練）と、発音し分けること（口練）を、ともに関連させながら上達発展させることができるように構成されています。

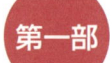 どうすれば英語の「聴き取り・発音」が上達するのか？

　「なぜ日本人には英語を聴き取ること、発音することが難しいのか？」という読者の疑問に対し、そのことを容易に解決できる根拠を英語音声学的に解説しています。

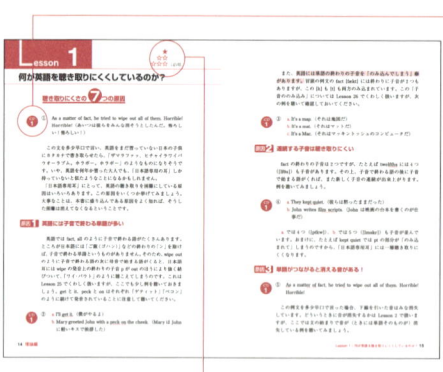

● CDトラックNo.

本文中に登場する英文が収録されたトラックNo.を表示しています。
CDには通常のネイティヴの音声や意図的に日本語なまりの英語、不自然なスピードで読まれた発音なども収録されています。
（各Lessonの最終ページにも「収録音声一覧」としてまとめて掲載しています）

● レベル表示

各Lessonのレベルを3段階で表示。難易度がわかります。

● One Point

各Lessonの終わりに、重要ポイントをわかりやすくまとめています。
ここを覚えるだけでも大きく理解度が違います。

第二部 英語の「発音・連続音」を攻略する実践トレ

英語の発音や発声上のコツ、聴き取りのポイントを丁寧に解説し、その知識を使って実際に聴き取りと発音トレーニングを繰り返しています。

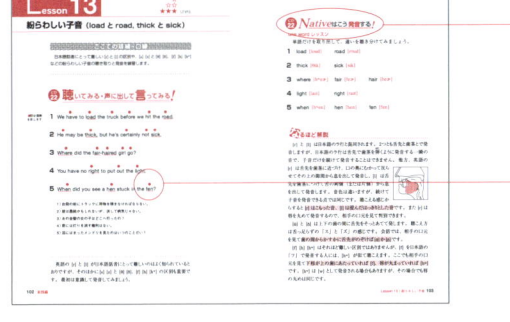

● 発音比較
ネイティヴの基本的な発音を比較、確認することができます。

● 強勢記号の表記
収録された英文にはその強勢箇所がわかる「●」「●」を付記。目で見てその英文のネイティヴ本来のリズムがわかるように工夫されています。

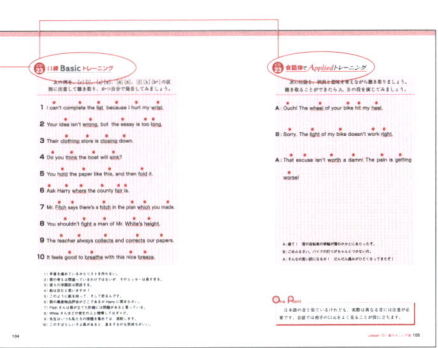

● 口練トレーニング

・Basic トレーニング
英語のリズムやイントネーション、語句の発音や連続音を、オリジナル例文で繰り返しトレーニングします。

・Applied トレーニング
実際の会話ですぐに役立つ慣用表現を多く盛り込んだ実践的トレーニングです。声に出して読み、覚えてしまいましょう。

本書で使用している主な記号

強勢記号
「● (大)」,「● (小)」 ＊英文の強勢箇所を示します。

イントネーション
高平板［￣］, 低平板［＿］, 高上昇［´］, 低上昇［´］, 高下降［`］, 低下降［丶］,
下降上昇調（高下降+低上昇）［`´］, 上昇下降調（低上昇+高下降）［´`］

発音記号表

母音（V）		子音（C）	
記号	例	記号	例
[iː]	sea, bead	[r]	rate, read
[i]	bid, kick	[l]	light, law
[e]	bed, said	[s]	sing, sun
[æ]	hat, bad	[θ]	think, three
[ʌ]	hut, bud	[p]	pen, map
[ɑː]	calm, box	[t]	tea, hot
[ɑɚ]	are, bar	[k]	cool, speak
[ɔː]	bought, cause	[b]	boy, job
[ɔɚ]	born, board	[d]	day, road
[u]	put, pull	[g]	good, dog
[uː]	pool, do	[f]	feet, roof
[ɚː]	bird, serve	[v]	view, very
[ɚ]	mother, surprise	[ð]	then, their
[ə]	about, policeman	[z]	zoo, zeal
		[ʃ]	ship, shoot
		[ʒ]	visual, pleasure
		[dʒ]	enjoy, judge
		[h]	hit, who
		[tʃ]	church, cheese
		[tr]	try, train
		[dr]	dream, draw
		[m]	mean, them
		[n]	night, can
		[ŋ]	thing, hanger
		[w]	wet, wood
		[j]	yes, year

※詳しくはP74以下参照

第一部

どうすれば英語の「聴き取り・発音」が上達するのか？

Lesson 1

何が英語を聴き取りにくくしているのか？

聴き取りにくさの7つの原因

 ① As a matter of fact, he tried to wipe out all of them. Horrible! Horrible!（あいつは彼らをみんな消そうとしたんだ。怖ろしい！怖ろしい！）

　この文を多少早口で言い、英語をまだ習っていない日本の子供にカタカナで書き取らせたら、「ザマラファッ、ヒチャイラワイパウオーラブム。ホラボー。ホラボー」のようなものになりそうです。いや、英語を何年か習った大人でも、「日本語専用の耳」しか持っていないと似たようなことになるかもしれません。
　「日本語専用耳」にとって、英語の聴き取りを困難にしている原因はいろいろあります。この原因をいくつか挙げてみましょう。大事なことは、本書に盛り込んである原因をよく知れば、そうした困難は消えてなくなるということです。

原因1 英語には子音で終わる単語が多い

　英語では fact, all のように子音で終わる語がたくさんあります。ところが日本語には「ご飯（ゴハン）」などの終わりの「ン」を除けば、子音で終わる単語というものがありません。そのため、wipe out のように子音で終わる語の次に母音で始まる語がくると、日本語耳には wipe の発音上の終わりの子音 p が out のほうにより強く結びついて、「ワイ・パウト」のように聴こえてしまうのです。これは Lesson 25 でくわしく扱いますが、ここでも少し例を聴いておきましょう。get と it、peck と on はそれぞれ「ゲティット」「ペコン」のように続けて発音されていることに注意して聴いてください。

 ② a. I'll get it.（僕がやるよ）
　　　b. Mary greeted John with a peck on the cheek.（Mary は John に軽いキスで挨拶した）

また、英語には単語の終わりの子音を「のみ込んでしまう」癖があります。冒頭の例文の fact [fækt] には終わりに子音が2つもありますが、この [k] も [t] も両方のみ込まれています。この「子音ののみ込み」については Lesson 26 でくわしく扱いますが、次の例を聴いて確認しておいてください。

③　a. It's a map.（それは地図だ）
　　b. It's a mat.（それはマットだ）
　　c. It's a Mac.（それはマッキントッシュのコンピュータだ）

原因2　連続する子音は聴き取りにくい

　fact の終わりの子音は2つですが、たとえば twelfths には4つ（[lfθs]）も子音があります。その上、子音で終わる語の後に子音で始まる語がくれば、また新しく子音の連続が出来上がります。例を聴いてみましょう。

④　a. They kept quiet.（彼らは黙ったままだった）
　　b. John writes film scripts.（John は映画の台本を書くのが仕事だ）

　a. では4つ（[ptkw]）、b. では5つ（[lmskr]）も子音が並んでいます。おまけに、たとえば kept quiet では pt の部分が「のみ込まれて」しまうのですから、「日本語専用耳」には一層聴き取りにくくなります。

原因3　単語がつながると消える音がある！

⑤　As a matter of fact, he tried to wipe out all of them. Horrible! Horrible!

　この例文を多少早口で言った場合、下線を引いた音はみな消失しています。どういうときに音が消失するかは Lesson 2 で扱いますが、ここでは文の始まりで音が（ときには単語そのものが）消失している例を聴いてみましょう。

⑥ a. Have a good time?（おもしろかった？）
　b. Been to Paris?（パリ、行ってきた？）
　c. Did you enjoy it?（楽しかった？）

　a. では Did you have a good time? の下線部が略され、b. では Have you been to Paris? の下線部が消失しています。「ジンジョイッ」のように聴こえるのは c. の Did you enjoy it? の下線部が消え去ったものなのです。

原因4　日本語にない音が英語にはある

　「そんなことは知っているよ」と言われそうですが、horrible の -o- や -l- が表している音がどういう音かを知らなければやはり聴き取りに差し支えが起こります。この -o- が表している母音は hat の -a- が表している母音とも違うし、hut の -u- が表している母音とも異なるし、もちろん日本語の「オ」や「ア」とも別の音です。英語の母音は日本語の「アイウエオ」よりも数がずっと多いことを再確認し、Lesson 9 で発音記号による区別、聴き分け方、そして発音の仕分け方をしっかり身に付けましょう。

　light と right の最初の子音が同じでないことは読者はとっくに知っています。sing と thing の最初の子音や、ton と tongue の最後の子音の違いについても同様です。しかし、はたしてそれぞれを聴き分けられるかとなると、話は別です。くわしくは Lesson 12 でやるとして、ここでは手始めに次の聴き分けができるかどうか、ためしてみてください。

⑦ a. It's the wrong way to do it.
　　（それは、やり方が間違ってるよ）
　b. It's a long way to Sweden.
　　（スウェーデンはずいぶん遠い）
　c. This is a picture of a mouse.
　　（これはネズミの絵です）
　d. This is a picture of a mouth.（これは口の絵です）
　e. This weighs a ton.（これは1トンの重さがある）
　f. Hold your tongue!（黙れ！）

a. では [r-]、b. では [l]、c. では [s]、d. では [th]（発音記号ではθ）、e. では [n]、f. では [ng]（発音記号ではŋ）が使われています。聴き分けられましたか？

原因5 リズムに違いがある

英語では「リズム」も聴き取りに大いに関係しています。次の2つの文を聴きくらべてください。

⑧　a. It is a beautiful day.（すばらしい天気だ）
　　b. It is a beautiful day.

どちらも It is a beautiful day. ですが、a. は英語らしく響くのに、b. はどこか変ですね。a. では It is a の部分が速くそして弱く、beau- の部分はゆっくりとそして強く、-tiful は速く弱く、day は再びゆっくり強く発せられています。それに対して、b. ではどの音節（day とか beau- のような単位）も同じような速さ、強さを持っています。本書では●印で強くゆっくり言われた音節を示すことにします。この記号を使って⑧の例文を表すと次のようになります。

　　a. It is a beautiful day.
　　b. It is a beautiful day.

a. のように、強さ・弱さ、速さ・遅さの違いがはっきりしているリズムを「強勢拍子」のリズムといい、b. のように強弱・遅速がほぼ平等なリズムを「音節拍子」のリズムといいます。英語は強勢拍子の言語です。だから a. は英語らしく聴こえ、b. は変だと感ぜられるのです。

日本語は、スペイン語などと並んで、音節拍子の言語です。

⑨　a. 私は昨日京都に行ってきました。
　　b. ワタ—シハ　キ—ノウ　キオウトウニ　イテキマシタ

a. は普通の日本語です。それにくらべて b. は、日本語を習いた

ての英語母語話者がしゃべっているように聴こえます。英語の強勢拍子を日本語に持ち込んでしまっているからです。実は、英語が強勢拍子の言語であるということが、「日本語専用耳」にとって英語を聴き取りにくくさせているのです。これは Lesson 2 でくわしく扱います。

原因6 わからない単語は聴き取れない

　この表題を見て「え、逆じゃないのか？　聴き取れないからわからないんじゃないか？」と思う人もいるでしょう。けれども実際は、理解できていないから聴き取れないのです。たとえば、次の例を聴いてください。

⑩　The Premier's remark exasperated the Opposition.
　　（首相の発言は野党を激怒させた）

　もし exasperate という単語を知らなかったら「イグザなんとかって言ったな」と感じるだけで、それ以上わからないということになります。逆に exasperate を知っていれば、聴き取り上、何の問題も起こらないわけです。①の例文で見た wipe out のような簡単な単語が並んでいる場合でも、これがテーブルの汚れなどを「拭き取る」という意味だけでなく「殺す」という意味も持っていることを知らなければ、Why pout?（なぜ口をとんがらかすんだ？）と聴こえてしまうかもしれません。つまり、聴き取り能力を高めるためには、耳の訓練だけでなく、単語の知識を広げることも重要なのです。

　もう一つ聴き取り能力向上に必要なのは、文法力向上です。

⑪　The bartender threw out the drunk.
　　（バーテンは酔っぱらいをつまみ出した）

　この文の書き取りをさせると、大学生でも The bartender throughout the drunk. と誤って書く人がいます。threw out と throughout は音はまったく一緒なので、こういう誤答をした人も耳はちゃんと音声をとらえているのです。でも「バーテンは酔っ

ぱらいの全体にわたって」では文になりません。「throughout は前置詞で、動詞ではない」という文法知識があれば、このような「聴き損ない」は起こるわけがありません。

本書はもっぱら耳と口の訓練を目指していますが、「単語力と文法力の向上は、聴き取り能力の向上にとって必須の条件である」ことも忘れずに、そのほうの勉強も怠りなく続けてください。

原因 7　発音の仕方を知らないと聴き取れない！

私たちがテレビやラジオのニュースの日本語を聴き取れるのは、私たちが日本語を正しく発音できるからです。英語の聴き取りについても同じことがいえます。「え？　それじゃあ、native 並みの英語発音ができるようにならないと、聴き取りもできないのか？」と誤解しないでください。正しくは「英語の発音の仕方を知れば、聴き取り能力が大いに向上する」と言うべきでしょう。

イギリスのある高名な言語学者の息子は、2歳の頃、mouse も mouth も mout としか発音できませんでした。ところが父親がネズミの絵と人の口の絵を別々の部屋に置いて、「mouse の絵を持っておいで」「mouth の絵を持っておいで」のどちらかを命ずると、間違いなしに正しい絵を持ってきたそうです。つまりこの子は [s] と [θ] の発音の仕方はわかっていたので聴き分けができたのです。両方とも [t] で発音していたのは、幼くてまだ口がまわらなかったからです。

もちろん本書の読者は大人ですから、いくら non-native とはいえ2歳児と同じ発音では困ります。本書のどの課でも最低限「発音の仕方」を頭に定着させ、native のそれに近い発音を獲得するよう口練をつみ、「コミュニケーションの達人」になるよう努力してください。

One Point

聴き取り困難の原因はいくつかありますが、なんといっても「子音が連続する」という点と「日本語とのリズムの違い」が、そのうち最大の問題です。ぜひ克服しましょう。

Lesson 1　CD収録英文一覧

① As a matter of fact, he tried to wipe out all of them. Horrible! Horrible!
② I'll get it.
　Mary greeted John with a peck on the cheek.
③ It's a map.
　It's a mat.
　It's a Mac.
④ They kept quiet.
　John writes film scripts.
⑤ As a matter of fact, he tried to wipe out all of them. Horrible! Horrible!
⑥ Have a good time?
　Been to Paris?
　Did you enjoy it?
⑦ It's the wrong way to do it.
　It's a long way to Sweden.
　This is a picture of a mouse.
　This is a picture of a mouth.
　This weighs a ton.
　Hold your tongue!
⑧ It is a beautiful day.
　It is a beautiful day.
⑨ 私は昨日京都に行って来ました。
　ワターシハ キーノウ キオトウニ イテキマシタ
⑩ The Premier's remark exasperated the Opposition.
⑪ The bartender threw out the drunk.

Column
英語語法の癖

　日本語でも＜Ａ：「今夜の飲み会に出るかい？」／Ｂ：「明日６時の飛行機で出張なんだよ」＞のＢ氏のように、出欠そのものは口にしないで欠席を相手に伝えることはありますが、英語ではこの傾向がもっと強いことを覚えておいてください。

　A：Have you read John Brown's new article?
　B：I don't read what hacks write.

　読んだか読まないかを明言していないだけでなく、ずいぶん辛辣ですね。hack とは「三文ジャーナリスト」のことですから、Ｂ氏は言外に John Brown をけなしているわけです。次はどうでしょう。

　A：Is Jane a good cook?
　B：She's English.

　これはヨーロッパ大陸の人が抱いている「イギリス料理は不味い」という信念（？）が下敷きになっています。日本語だったら「だってジェインはイギリス人だもの。イギリス人に料理の名人がいるわけないだろ」というように、もっと説明的になるところでしょう。ついでですが、この問答はイギリス人が作ったものです。イギリス人は外国人に悪口を言われたり、自分で自国民をけなしたりするのを面白がる、不思議な国民です。自信の裏返しなのかもしれません。

　　　　　　　　　　　　　　　　　　　　　　　　　　（今井）

Lesson 2

英語は強勢拍子の言語である！

GOAL ここを理解しよう！

1. 英語と日本語の違い

① a. English is easy.
　 b. English is very easy.
　 c. An English lesson is very easy.

　a, b, c の順で単語の数が、つまり音節が増えています。それなのに英語ではそれぞれの文を言う時間の長さはほとんど変わりません。日本語ではこういうことはありません。音節が増えればその分、文を言う時間は長くなります。

② a. 英語は易しい。
　 b. 英語はとても易しい。
　 c. 英語の授業はとても易しい。

　なぜこういう違いが出るのでしょう？　①を見ると3つの文は●印で示したとおり、どれをとっても Eng- と eas- という音節だけが強勢を持っているという点で共通しています。そして Eng- と eas-の間にある音節は、-lish is のように2音節であろうと、-lish is very のように4音節であろうと、-lish lesson is very のように6音節であろうと、ほぼ同じ時間に言われます。この点を、もう一度音声を聴いて確かめてください。

　英語のような強勢拍子の特徴は「強勢のある音節にビートがくる」「ビートとビートの間にある音節は、その数に関係なく同じ時間内に発せられる」ところにあります。これに対して日本語のような音節拍子では「すべての音節にビートがくる」のが特徴です。だから日本語ではどの音節も平等な長さで発音されるのです。

　ためしに、①の文を音節拍子を使って発音してみます。

③ a. English is easy.
　b. English is very easy.
　c. An English lesson is very easy.

　③は悪い見本ですから、まねをしてはいけません。これを聴いた後は正しい発音を聴き直して、強勢拍子・音節拍子の違いをよく確認してください。

2. 文強勢と語強勢の違いを知る

　very を辞書で引くと [véri] のように強勢 ['] が示してあります。lesson [lésn] もそうですね。「それなのにどうして①の very や lesson には●印がないのか？」という疑問が出ることでしょう。もっともな疑問です。実は英語の強勢にはいわば2種類あり、辞書に示してあるのは「語強勢」で、この Lesson や次の Lesson 3 で取り上げているのは「文強勢」なのです。本書では●印を用いて表します。

　辞書に示してある強勢は「その単語が単独で発せられるときには、どの音節が強く言われるか」を示しています。それで語強勢と呼ばれるわけです（いわゆるアクセント）。それに対して文強勢は「文を発する人がその文の中で重要だと考える単語に与える強勢」といえます。文強勢を与えられない単語の語強勢はなくなってしまうのです。

　「その文の中で重要だと考える」というのはあいまいな言い方ですが、これは Lesson 3 でもっとくわしく説明します。

3. 文強勢がないと音が消失する

　Lesson 1 の①の例文中にある As a matter of fact に文強勢の印を付けて表すと As a mátter of fact となります。文強勢のある音節が比較的ゆっくりと、かつ強く言われるのに対し、文強勢のない音節は、速く、かつ弱く言われます。速く・弱く言われれば音の一部が消失することも不思議ではありません。だから、ゆっくり言えば As a matter of fact となるこの部分も、下線を付けた音が消失して As a matter of fact となるわけです。

以下の例で、強勢と強勢の間が等間隔であることを確認し、自分でも発音してみましょう。下線の付いている音は消失しています。

④ a. After a while he fell fast asleep.
　　（しばらくすると彼はぐっすり眠りこんだ）
　b. I have said so over and over again.
　　（そのことはもう何度も何度も言ったじゃない）
　c. He keeps coughing and has a temperature.
　　（彼は咳がひどく、熱もあります）
　d. They are murderers.
　　（彼らは殺人者だ）

「強勢拍子」をしっかり身に付けないと、聴き取り・発音のどちらも進歩しません。最重要課題として取り組んでください。

Lesson 2　CD収録英文一覧

① English is easy.
English is very easy.
An English lesson is very easy.
② 英語は易しい。
英語はとても易しい。
英語の授業はとても易しい。
③ English is easy.
English is very easy.
An English lesson is very easy.
④ After a while he fell fast asleep.
I have said so over and over again.
He keeps coughing and has a temperature.
They are murderers.

Lesson 3

文強勢はどの語に置かれるか？

GOAL ここを理解しよう！

1. 情報の焦点に強勢が置かれる

Lesson 2 で、文強勢は「文を発する人がその文の中で重要だと考える単語に与えられる」といいました。同じく「重要」といっても、そこにはさまざまな重要性があります。まず取り上げるのは、「相手に情報を伝えるという見地から重要」な例です。

① It was an awfully hot night.（ひどく暑い夜のことだった）

これが物語の出だし部分の朗読だと考えましょう。It was an の部分は、たとえ相手によく聴こえなくても情報は通じます。だから文強勢は付いていません。それに対して後の3語は、聴こえなければどんな天候の日だったのかが聴き手にはわかりません。その意味で情報伝達に重要なため、文強勢が置かれているのです。

次の例では、Aさんが「どんな夜だった？」と尋ねています。

② A: What sort of a night was it?
B: It was an awfully hot night.（ひどい暑さだった）

Aさんが質問の中で night という単語を使っているので、Bさんは night を目立たせる必要がなくなりました。そこでBさんは①とまったく同じ文なのに、night には文強勢を置いていません。

次の例では、Aさんは「昨晩は暑かった？」と尋ねています。

③ A: Was it hot last night?
B: It was an awfully hot night.（ひどかったよ）

Aさんが hot と night の両方を質問の中で使っているので、Bさんにとって情報伝達に不可欠な単語は awfully だけです。そこでこ

の単語だけが文強勢を受けるわけです。

　もう一つ別の例を挙げてみましょう。

④　It's my turn.（僕の番だ）

　ゲーム（トランプ遊びなど）で、順番を間違えた人に「おいおい、君の番じゃない。僕の番だ」と軽く抗議している場合だと考えてください。my は your との対比で情報伝達の上で重要なので、文強勢を受けています。turn は順番というものがこのゲームでは前提になっているので重要性が低く、文強勢を受けていません。

　一般的に、文強勢を受けるいわれのない語に文強勢を付けてしまうと、その語に伝達の重要性を与えていると誤解されてしまいます。下の⑤の a. の言い方はごく普通ですが、b. のように言うと「いつもは他人の奥さんと一緒に海外に行く」という、変わった趣味（？）の人だと思われてしまいます。

⑤　a. I visited Hawaii with my wife.
　　　（女房と一緒にハワイに行きました）
　　b. I visited Hawaii with my wife.
　　　（〔他人の奥さんではなく〕自分の女房と一緒にハワイに行きました）

2. 関心の焦点に強勢が置かれる

　相手がとんでもないことや驚くべきことを言ったとき、聴き手はそれをほとんどオウム返しに繰り返して、驚きや、非難や、皮肉や、ときには喜びの気持ちを表すことがあります。次の例を聴いてください。

⑥　A : Actually, I don't love him.
　　　（ほんとのこと言えば、彼を愛してはいないの）
　　B : You don't love him! Then why are you going to get married?
　　　（愛してない！　だったらどうして結婚するんだ？）

⑦　A : How far to Oxford?
　　　（オクスフォードまでどのくらい距離がある？）
　　B : How far to Oxford? What's Oxford got to do with it? We're talking about sentence stress.
　　　（オクスフォードまでの距離？　オクスフォードがなんの関係があるんだい？　文強勢の話をしてるんだ）

⑧　A : Peter is well-read.（Peter は多読家ね）
　　B : Peter is well-read, indeed. He's even heard of Shakespeare.
　　　（ああ、Peter は多読だとも。シェイクスピアの名前さえ知ってるくらいだ）

⑨　A : You can have my Rolex.
　　　（あなたにローレックスの時計をあげるわ）
　　B : I can have your Rolex! Oh, how very kind of you!
　　　（ローレックスを下さる！　なんてご親切な！）

　Bさんがオウム返しをしている理由は、⑥では相手が婚約者を実は愛していないという意外なことを言い出したため、⑦では文強勢の話をしている最中に相手がオクスフォードまでの距離という場違いな質問をしたため、⑧では漫画本ぐらいしか読まないピーターのことを相手が「多読家だ」と言ったため、⑨ではローレックスの時計をくれるという予期もしていなかったうれしいことを相手が言いだしたためです。

　相手が言ったことに驚きを感ずるということは、それに対して関心を持っていることにほかなりません。だから、相手の言ったことと同じ単語に文強勢を置いているのです。Bさんは相手の言葉を繰り返しているだけですから、その内容を相手に伝えるつもりはありません。Bさんの文強勢は「情報の焦点」ではなく「関心の焦点」である単語に置かれているのです。日本語ではこういうとき、「オクスフォードまでの距離だって？」の下線部のようなものを足して、それが相手の言葉の「引用」であることを明確にする傾向がありますが、英語ではあまり聴かれません。

　典型的なのが⑧の B で、相手の言葉に indeed を足して、表面上は相手の言ったことに賛成であるような口ぶりをします。これが

痛烈な皮肉になるのです。それに加えて「シェイクスピアの名前さえ知ってるくらいだものね」と、大文豪を無名作家のように扱って、相手の思い違いをからかっています。日本語だったら「そりゃシェイクスピアの名前ぐらいは知ってるだろうけど」のように、もっと説明的な言い方になるでしょう。これは日本語的見地からすると英語の「癖」です。Lesson 1 で触れた単語力・文法力に加えて、こうした「英語の癖」を知っておくことも聴き取りにとって重要なプラス材料になることを覚えておいてください。

3. 情報上重要でない単語に文強勢を置くと、文全体が強調される

　この表題を見ると「なんだ、1.とはまるで反対ではないか」という疑問がわくでしょう。確かにそうです。英語に限らず、言葉にはいろいろ矛盾した「原理」があるのです。理屈はともかく、まず次の例を聴いてみましょう。

⑩　a. I am doing my homework.（宿題をやっているところです）
　　b. A : Why don't you start doing your homework?
　　　　（早く宿題をしたら？）
　　　 B : I am doing my homework.
　　　　（このとおりちゃんとやってるじゃない！）

⑪　a. I have mailed the letter.（手紙を投函しました）
　　b. A : I don't think you have mailed the letter yet.
　　　　（まだ手紙を投函してないでしょう）
　　　 B : But I have mailed the letter.
　　　　（何言ってるんだい。ちゃんと投函したよ！）

⑫　a. What are you doing?（何をしているの？）
　　b. What are you doing?（おい、一体何してるんだ！）

⑬　a. What does he know about it?
　　　　（彼はこのことについて何を知っているんだい？）
　　b. What does he know about it?

（あんな奴が、このことについて何も知っているはずはないよ！）

⑩の a. は「宿題をやっているところだ」と、事実を淡々と述べる文です。「何をやっているのかな」という顔で話し手の手元を不審そうに見る人には I am を略して Doing my homework. と言ってもいいくらいです。だから a. の am には情報上の重要性がなく、文強勢を受けていません。ところが b. のB君はAさん（たぶん親でしょう）に「早く宿題をしたら」と言われたので「だって、このとおりちゃんとやってるじゃない！」と抗議しているわけです。ですから、情報上の重要性がない am に文強勢を置くことでこの文全体が強調されるのです。

⑪の b. のB君の発話も、情報上の重要性のない have に文強勢が置かれることで「何言ってるんだい。ちゃんと投函したよ！」という強調的なものになっています。⑫の a. も⑬の a. も本当の疑問文（つまり答えを求める質問）ですが、⑫の b. は桜の下にござを敷いて酒盛りをしている高校生を見つけたときなどの驚きの叫びですし、⑬の b. は「あんな奴がこのことについて何も知っているはずはないよ！」という事実上の否定文です。are, does という、情報上重要性のない語が文強勢を受けているので、これらの文が強調的になるわけです。

4. 終わり強ければ、すべて強し

冒頭の 1. で述べた趣旨に従うと、「それは（ほかの人のではなく）僕の車だ」と言いたいときは That's my car. と my が文強勢を受けます。しかしそれは落ち着いた、客観的な発話の場合です。駐車場で自分の車を誰かが盗んで走り出したところを見つけたというようなときは、びっくり仰天して Hey! That's my car! と叫ぶことでしょう。文の終わりに強い文強勢を置くことは、その発話を強調的にするはたらきがあります。以下はそのような例を集めたものです。どの場合も b. のほうがより強調的です。

⑭　a. That's my car.（それは僕の車です）
　　b. That's my car!（それは僕の車だぞ！）

⑮　a. That's not my fault.　（僕のせいではありません）
　　b. That's not my fault.　（僕のせいじゃないったら）

⑯　a. By all means.　（ぜひそうしましょう）
　　b. By all means.　（もちろんです。是が非でもそうしましょう）

One Point

単語の重要性・非重要性に従って発音の強弱を区別するというのは、英語の「癖」です。これに慣れることによって聴き取りと発音の能力を高めましょう。

Lesson 3 　CD収録英文一覧

① It was an awfully hot night.
② A : What sort of a night was it?
　　B : It was an awfully hot night.
③ A : Was it hot last night ?
　　B : It was an awfully hot night.
④ It's my turn.
⑤ I visited Hawaii with my wife.
　　I visited Hawaii with my wife.
⑥ A : Actually, I don't love him.
　　B : You don't love him! Then why are you going to get married?
⑦ A : How far to Oxford?
　　B : How far to Oxford? What's Oxford got to do with it? We're talking about sentence stress.
⑧ A : Peter is well-read.
　　B : Peter is well-read, indeed. He's even heard of Shakespeare.
⑨ A : You can have my Rolex.
　　B : I can have your Rolex! Oh, how very kind of you!

⑩ I am doing my homework.
　　A : Why don't you start doing your homework?
　　B : I am doing my homework.
⑪ I have mailed the letter.
　　A : I don't think you have mailed the letter yet.
　　B : But I have mailed the letter.
⑫ What are you doing? / What are you doing?
⑬ What does he know about it?
　　What does he know about it?
⑭ That's my car. / That's my car!
⑮ That's not my fault. / That's not my fault.
⑯ By all means. / By all means.

Column

ウエスギ・ケンシン？　アリゲーター？

　むかしむかし、電車などに乗るとき、窓口でいちいち行き先を口で告げて駅員から切符を買う必要があった頃の話です。ロンドンの地下鉄駅で West Kensington （ウェスト・ケンジントン）行きの切符を買おうと思った日本人がいたのですが、本文に出てくる「強勢拍子」が上手に使えなかったせいでしょう、どうしても通じません。日本の友人に「そういうときはウエスギ・ケンシン（上杉謙信）って怒鳴ればいいんだよ」と教えられたので、またまた地下鉄駅に向かったのですが、今度も通じませんでした。友人に「ダメだったよ」と言うと「変だなあ。どういうふうに言ったのか、ここで実演してごらん」と促されたこの人は大声で叫びました。「タケダ・シンゲン（武田信玄）！」

　初めて日本を訪れるアメリカ人が Thank you. ぐらいは日本語で言いたいと考え、教えてもらったのですが、「アリガトウ」がどうもうまく発音できません。教えた側も困ってしまって、「alligator（アリゲーター科ワニ）とでも言っておけ」。そこで、張り切って日本に来るなりしきりに日本人にお礼を述べたのですが、みな不思議そうな顔をするばかり。それもそのはず、この人が言っていたのは「Crocodile!（クロコダイル科ワニ）」だったのです。

　林家木久蔵改メ木久扇ばりの駄洒落のお詫びに今度は本当の話。英語国の子供は別れしなに、よく See you later, alligator. と言います。下線部が脚韻を踏む（つまりエイターの部分が同音になる）から、というだけの話です。むかしの東京でも「あばよ。千葉よ。ケバよ」という別れの挨拶（？）がありました。ところで See you later, alligator. と言われたら何と答えるのでしょう？　After a while, crocodile. です。また下線部が脚韻を踏んで（アイルの部分が同音になって）いますね。そういえばこの話をしてくれたのは、以前勤めていた大学の客員教授でした。

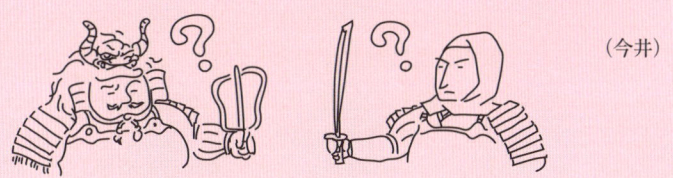

（今井）

Lesson 4

どの単語を弱く発音するか？

GOAL ここを理解しよう！

「要するに文強勢のない単語を弱く発音すればいいのか」と思うかもしれません。理屈はそのとおりです。しかし慣れない外国語を話したり読んだりするときは、どうしても一つ一つの語を平等な強さで発音してしまいがちです。そこで、どういう場合に単語が文強勢を受けないかを知っておくことも大事です。そのことで「音の消失」などに迷わされて聴き取りができない、という事態を防ぐことができるからです。

1. 同一語が繰り返されるときは弱くする

Lesson 3 の①では awfully hot night の3語はみな文強勢を持っていますが、②では night が、③では hot も強勢を失っていました。これは相手の発話の中にすでに出てきた語と同一語だからです。そのほかの例も挙げてみましょう（強勢を失う単語を小さい字体で示してあります）。

① a. I like Mary but I don't love Mary.
　　（Mary のことは好きだが、愛しているわけじゃない）
b. The patient was born in Hawaii and wishes to die in Hawaii.
　　（この患者はハワイ生まれなので、死ぬときはハワイで、と願っている）
c. We want the bill to be passed in the Diet but the Opposition is dead-set against the measure.
　　（われわれはこの法案を国会で通したいが、野党はこの法案に断固反対している）
d. John consumes 200 bottles of whiskey a year and Bill smokes 3,000 cigarettes annually.
　　（John は1年にウィスキーを200本消費し、Bill は年間3,000本タバコを吸う）

c. や d. のように、完全な同一語でなくても意味が同じ語も文強勢を失います。つまり、c. では bill（法案）と measure がこの場合同じ意味ですし、d. では a year（1年あたり）と annually が同じ意味だからです。

　次の例も見てみましょう。

CD 5

② a. John killed himself.（Johnは自殺した）
　 b. They believe themselves to be infallible.
　　 （彼らは自分たちが絶対に正しいと信じている）
　 c. They blamed each other.（彼らは互いに非難しあった）

　John killed himself. の -self 形や、They blamed each other. の each other は、その文の主語（この場合 John と They）と同じ人を指すという文法上の決まりがあります。だから Mary killed himself. とか The elephant loves each other. などという文はないのです。したがって、上の例を聴くとわかるように、-self 形と each other は「同一性」という見地から文強勢を受けないのです。ただし -self 形が「その人自身」を強調する目的で使われるときは、文強勢を受けるので注意しましょう。

CD 5

③ He himself admits it.（彼は自分でそのことを認めている）

2. 前後関係から容易にわかることは弱くする

　次の例文を聴いて、a. と b. を比較してください。

CD 5

④ a. I have some books to read.（読む本が何冊かある）
　 b. I have some books to burn.（燃やす本が何冊かある）

⑤ a. I have a point to make.（言いたいことがある）
　 b. I have a point to emphasize.（強調したいことがある）

⑥ a. I have a problem to solve.

（解決しなければならない問題がある）
　　b. I have a problem to computerize.
　　　（コンピューター化しなければならない問題がある）

　どの文も＜名詞＋to＋動詞＞という形を含んでいますが、その動詞が a. では文強勢を受けずに弱く発音され、b. では文強勢を受けています。なぜかというと、まず④についていえば、本というものは読むためにあるものですから、books が出てくれば read が「容易に察せられる」ためです。それに対して本を燃やすというのは例外的なことがらです。例外的なことがらは情報上の重要性を持ちますから、burn は文強勢を受けて強く言われるのです。

　同じことが⑤と⑥についてもいえます。point（考え・主張）は本来 make する（述べる）ものですから、point から make は容易に察せられます。一方、emphasize（強調）はそうとはいえません。また problem は本来 solve（解決）されるためにあるのに対し、どんな問題でも必ずしも computerize（コンピューター化）するとは限りません。つまり⑤の make 対 emphasize、⑥の solve 対 computerize のように、==情報上の非重要性・重要性の差が、結果として文強勢を受けない・受けるの差になるのです。==

3. 意識の中にいつでも存在することは弱くする

　東京にいて青森までの距離を尋ねられたときに、「福岡から××キロ」などと答える人はいません。距離や時間を尋ねられた場合は、別に自己中心的な人でなくても、自分のいる場所、尋ねられた時を起点として考えます。そのつもりで次の例を聴いてください。

⑦　A : How far to Roppongi?（六本木までどのくらいですか？）
　　B : About two miles from here.（ここから約2マイルです）

⑧　A : When will the show start?（ショーはいつ始まりますか？）
　　B : About an hour from now.（今から約1時間後です）

　from here や from now が弱く発音されているのがわかります。

「ここ」とか「今」は意識の中に常にあるため、情報上の重要性が低いからです。

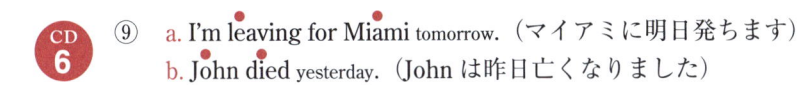

⑨ a. I'm leaving for Miami tomorrow.（マイアミに明日発ちます）
　　b. John died yesterday.（John は昨日亡くなりました）

これも同じことです。「昨日」「今日」もまた意識の中に常にあることなので、文強勢を受けないのです。
　⑨のような例から「一般的に、時を表す副詞は文強勢を受けない」などと主張する人がいますが、それは間違いです。

⑩ a. I'm leaving for Miami the day after tomorrow.
　　　（マイアミに明後日発ちます）
　　b. John died three years ago yesterday.
　　　（John は3年前の昨日亡くなりました）

このように the day after tomorrow も three years ago yesterday も時を表す副詞ですが、文強勢を受けています。「明後日」とか「3年前の昨日」といったことは、意識の中にいつでも存在するものではないからです。

4. 状況から見て自明なことは弱くする

⑪ A : What a mess you've made of things!
　　　（ひどく散らかしたものだね！）
　　B : It isn't my fault.（私のせいじゃないわ）

fault という単語も、それと意味の同じ語も、Aさんの発話には出ていません。それにもかかわらず、Bさんは fault を弱く発音しています。これはAさんがBさんを非難しているので、そこには fault（過失）という概念が「自明のこと」となっているからです。次の例も同様です。

⑫ Hi, George! I heard you're visiting Alaska on holiday. Aren't you lucky!
　　（こんにちは George！　休みにアラスカへ行くんだってね、

いいなぁ）

　you're visiting Alaska on holiday という部分は、ほかならぬ相手の休暇プランなのですから自明のことで、情報上の重要性はありません。そこでこの部分には少なくとも強い文強勢は置かれないのです。
　では、次の例文はどうでしょう？

⑬　a. I thought it would rain.（雨が降ると思ってた）
　　b. I thought it would rain.（雨が降ると思ったのに）

　まったく同じ文なのに、a. では rain が弱く発音され、b. では rain が文強勢を受けています。a. は「降ると思ったら、案の定降っている」、b. は「降ると思ったのに、降らなかった（傘を持ってきて損した）」などと意訳できるでしょう。a. では現に雨が降っているのですから、rain は状況から見て自明のことがらなため弱く発音されます。b. では「降ると思った」のはあくまで話し手の予測だったのですから、文強勢がなければ情報を十分に伝えられないという事情があり、このような差が起こったのです。

5. 主語に負けて？

　まず例を聴いてください。

⑭　a. Hey! Your coat's on fire.
　　　（ねえ！　あなたの上着が燃えてるわ）
　　b. My mother-in-law's coming.（女房の母親が来るんだ）
　　c. The keys've disappeared.（カギがなくなった）
　　d. The zipper won't come up.（ジッパーが閉まらない）

　これらの文がいわゆる自動詞文（目的語を持っていない）であることと、どの文も程度の差こそあれ何らかの「不幸」を表していることに注意してください。「不幸を表す自動詞文」では、どういうわけか述語部分（is on fire, disappeared など）が文強勢を受けないのです。Lesson 3 の「情報の焦点」という原理に照らせば

is on fire, disappeared などが情報上の重要性を持っているので文強勢を受けるはずなのですが、逆になっています。「そんな妙な」と言っても、事実なのですから仕方がありません。ここでは「主語の重要さに強い光があてられるため、述語部分がその陰になって文強勢を置かれ損なうのだ」と言っておきましょう。そういえば日本語でも、家に帰るなり家族から「お祖母様が！」と言われると、それだけで祖母に何か異変が起こったのだと察しますね。それに一脈相通ずるところがあります。

　なお b. に関していうと、英語圏の夫にとって一番怖い存在は、妻の母親であるという文化的事情（？）は知っておく価値があります。

One Point

　非重要な単語を弱く発音することは、日本語ではむしろ避けられる傾向があります。だからこそ、これと反対の「英語の癖」に習熟する必要があるのです。

Lesson 4　CD収録英文一覧

CD 5

① I like Mary but I don't love Mary.
　　The patient was born in Hawaii and wishes to die in Hawaii.
　　We want the bill to be passed in the Diet but the Opposition is dead-set against the measure.
　　John consumes 200 bottles of whiskey a year and Bill smokes 3,000 cigarettes annually.
② John killed himself.
　　They believe themselves to be infallible.
　　They blamed each other.
③ He himself admits it.
④ I have some books to read.
　　I have some books to burn.
⑤ I have a point to make.
　　I have a point to emphasize.
⑥ I have a problem to solve.
　　I have a problem to computerize.

CD 6

⑦ A: How far to Roppongi?
　　B: About two miles from here.
⑧ A: When will the show start?
　　B: About an hour from now.
⑨ I'm leaving for Miami tomorrow.
　　John died yesterday.
⑩ I'm leaving for Miami the day after tomorrow.
　　John died three years ago yesterday.
⑪ A: What a mess you've made of things!
　　B: It isn't my fault.
⑫ Hi, George! I heard you're visiting Alaska on holiday. Aren't you lucky!
⑬ I thought it would rain.
　　I thought it would rain.
⑭ Hey! Your coat's on fire.
　　My mother-in-law's coming.
　　The keys've disappeared.
　　The zipper won't come up.

Column
自分で発音できれば他人に教えられるとは限らない

　私の大学教養課程での第二外国語はフランス語でした。フランス語の先生（全部日本人でした）のフランス語はいくら聴いてもフランス語に聴こえません。しいていえばカタカナフランス語でした。
　その中でたった1人、例外がおられました。幼児期をフランスで過ごされたとのことで、この方のフランス語はフランス語に聴こえました。ただ残念なことに、幼児期に自然に身に付いた発音なので、「理屈」がおわかりにならなかった。フランス語には [y] という発音記号で表される母音があります。université（＝英語の university）の最初に使われる音で、イの舌の形をしながら唇を丸めて出す音なのですが、どんな音かはここで知る必要はありません。ただ、日本人にも英語国民にも難しい音です。この音を説明されるのに、この発音の良い先生は教卓の端をぎゅっとつかんで「ほら、君たち、こうして力をうんと入れるときに [y] と言うでしょ？　この音ですよ」と言われました。説明にも何にもなっていません。「ああ、自分で発音できるだけでは他人にはその発音を教えられないんだな」とつくづく感じました。

（今井）

Lesson 5

LEVEL ★★☆

文強勢のある・なしで音が変わるもの

GOAL ここを理解しよう！

　Lesson 4 の①で小さい文字で書かれた Mary, Hawaii, measure, annually をもう一度聴いてみてください。文強勢はないのですが、個々の音は Mary, Hawaii, measure, annually と、文強勢がある場合と変わりがありません。それにくらべて Lesson 1 で出てきた As a matter of fact, he tried to wipe out all of them. はどうかといえば、as は a- の部分が消失し、a は曖昧母音 [ə] として、of も to も子音を落として曖昧母音 [ə] として、them は th を落として [əm] と発音されています。これらの語にもし文強勢があれば、このような脱落は生じません。

　このように、単語の中には文強勢のある・なしで個々の音が違ってくるものがあります。品詞でいうと、冠詞、人称代名詞、前置詞、助動詞（be 動詞を含む）、接続詞などです。これらは文強勢を受けることが比較的少ないため、こういう性質を持つようになったのでしょう。文強勢がないときの形を「弱形」、あるときの形を「強形」と呼びます。品詞ごとに弱形の例を見ていきましょう。

1. 文強勢がないときの冠詞

CD 7

① **a** [ə]
不定冠詞 a は、強調により [ei] と発音するとき以外は弱く発音されます。
He wants to keep a cat.（彼は猫を飼いたいと思っている）

② **an** [ən]
母音の前で使われる不定冠詞 an も同様です。
An apple a day keeps the doctor away.
（『毎日リンゴを1個食べれば医者いらずになる（諺）』）

③ **the** [ðə, ði（母音の前）]
定冠詞は強調により [ðiː] と発音するとき以外は弱く発音されます。

Here's the book I was talking about.
（これが私の話していた本です）
The old man is still full of vigor.（その老人はまだ元気一杯だ）

2. 文強勢がないときの人称代名詞

CD 8

④ **he** [hi, iː, i]
母音が弱くなったり、語頭の [h] が落ちたりします。これは以下の his, him, her, have, has, had でも同様です。
I think he knows it.（彼はそのことを知っていると思います）
★この [h] の脱落は、文頭やポーズの後では生じません。

⑤ **his** [iz]
文頭やポーズの後を除き、語頭の [h] が落ちます。
Do you know his name?（彼の名前を知っていますか？）

⑥ **him** [im]
文頭やポーズの後を除き、同様に語頭の [h] が落ちます。
Just give him a pat.（彼の肩を叩いて〔元気付けて〕あげて）

⑦ **her** [hɚ, ɚːɚ]
文頭やポーズの後を除き、母音が弱まったり語頭の [h] が落ちたりします。
I don't see her very often.（彼女にはあんまり会わないの）
That's not Jane. It's her sister.
（あれは Jane じゃない。妹の方よ）
She's borrowed it from one of her friends.
（彼女は友達の一人からそれを借りてます）

⑧ **me** [mi]
母音が弱まります。
Will you get me a martini?（マーティーニを 1 杯ください）

⑨ **she** [ʃi]
これも母音が弱まります。
Ah, but she doesn't like music.
（うーん、でも彼女は音楽は好きじゃないの）

⑩ **you** [ju]
同じく母音が弱まります。
Have you been there?（そこへ行ったことある？）

⑪ **us** [əs, s]
母音が弱まり、脱落することもあります。
He made us laugh.（彼はわれわれを笑わせた）
Let's go.（さあ、行きましょう）

3. 文強勢がないときの前置詞

⑫ **at** [ət]
[ǽt] と強調しない限り、通常は弱く発音されます。
The shop is at the end of the street.
（その店は通りのつきあたりにある）

⑬ **for** [fɚ]
母音が弱くなります。
I'm looking for a house for rent.（貸し家を探しています）

⑭ **from** [frəm, frm]
母音が弱まったり、脱落したりします。
He worked from morning till night.
（彼は朝から晩まで働いた）

⑮ **of** [əv, ə]
母音が弱まり、次に子音が続くときなどには [v] が脱落します。
Love is just one of those things.（恋とはそうしたものさ）
I could do with a cup of tea.（紅茶を1杯ぜひ飲みたい）

⑯ **to** [tə, tu（母音の前）]
母音の前では母音が弱まり、子音の前ではさらに曖昧母音になります。
Give it to Jane.（それは Jane に渡しなさい）
Give it to Anne.（それは Anne に渡しなさい）

4. 文強勢がないときの助動詞（be 動詞を含む）

⑰ **am** [əm, m]
母音が弱まり、I の後では母音に後続するため、[m] となります。この場合しばしば I'm と綴ります。
I am the master of this house!（私がこの家の主人よ！）

I'm Popeye the sailorman.（オイラは船乗りのポパイ様だ）

⑱ **are** [ɚ]
母音が弱まります。その場合しばしば 're と綴ります。
You're wrong!（あなたは間違ってる！）

⑲ **be** [bi]
母音が弱まります。
I'll be with you in a minute.（今すぐに行くわ）

⑳ **been** [bin]
同じく母音が弱まります。
John's been to Tibet twice.
（John はチベットに 2 回行ったことがある）

㉑ **is** [z, s（無声音の後）]
母音が脱落して、前が無声子音の場合 [s] となります。母音が脱落する場合しばしば 's と綴ります。
Jane's a nice young girl.（Jane は感じの良い娘さんだ）
Matt's coming soon.（Matt はすぐに来ます）

㉒ **was** [wəz]
母音が弱まります。
Bob was playing golf.（Bob はゴルフをしていた）

㉓ **were** [wɚ, wɚr]
母音が弱まります。
They were playing baseball.（彼らは野球をしていた）
They were all upset about it.
（彼らは皆そのことで狼狽していた）

㉔ **can** [kən]
母音が弱まります。
You can do it easily.（易しいよ〔だからやってごらん〕）

㉕ **could** [kəd]
母音が弱まります。
He could not catch the bus.（彼はそのバスに乗り遅れた）

㉖ **do** [du, də, d]
母音が弱まり、ついには脱落します。
Do you like sushi?（寿司は好きですか？）

㉗ **does** [dəz, əz, s]
母音が弱まり、語頭子音が脱落し、ついには語末子音だけに

Lesson 5｜文強勢のある・なしで音が変わるもの　45

なり、これが [s] となることもあります。
What does he do for a living?
（彼は何をして生計を立てているの？）

㉘ **have** [həv, əv, v]
文頭やポーズの後を除き、母音が弱くなり、語頭の [h] が脱落し、語末の子音だけになります（以下 has, had も同様）。その場合しばしば 've と綴ります。
You have been to Paris, haven't you?
（パリに行ったこと、あるんでしょう？）

㉙ **has** [həz, əz, z, s]
have と同様のことが起こりますが、さらに残った子音の前に無声子音がくると [s] となります（文頭やポーズの後を除く）。その場合しばしば 's と綴ります。
Jane has been writing a report.
（Jane はこのところずっとレポートを書いている）
Pat has been writing a report.
（Pat はこのところずっとレポートを書いている）

㉚ **had** [həd, əd, d]
㉘と同様。[d] だけになるときにはしばしば 'd と綴ります。
The train had already departed.（列車はすでに出発していた）

㉛ **must** [məst, məs]
母音が弱くなり、語末の子音連続も、とくに後に子音が続く場合には、[s] だけに単純化されます。
That must be John's car.（あれは John の車に違いない）

㉜ **shall** [ʃəl, ʃl]
母音が弱くなり、ついには脱落します。
I shall be twenty next month.（私は来月で20歳になります）

㉝ **should** [ʃəd, ʃt]
母音が弱くなり、脱落します。脱落したあとは [d] が [ʃ] に同化して無声化します。
Mary should have arrived there by now.
（Mary はもう向こうに着いていていいはずだ）
You should tell me all about it.
（そのことを全部私に話してください）

㉞ **will** [l]

しばしば語末の [l] だけになり、その際にはしばしば 'll と綴ります。
John'll be here tonight.（John は今夜ここに来ます）

㉟ **would** [wəd, əd, d]
母音が弱まったり、語頭子音が脱落したり、両方が脱落したりします。その場合しばしば 'd と綴ります。'd が had の短縮形か would の短縮形かは文脈で判断されます。
They would do anything for money.
（彼らは金のためならどんなことでもする）

5 文強勢がないときの接続詞

㊱ **and** [ənd, ən, n]
母音が弱くなり、脱落することもあります。語末の [d] は次に母音が続くときは残りますが、子音が続くときは脱落することもあり、[n] だけになります。
Mary and Anne are good friends.（Mary と Anne は仲良しだ）
I live on bread and butter.
（私はパンとバターだけで生きています）

㊲ **as** [əz]
母音が弱くなります。
He is as good as dead.（彼は死んだも同然だ）

㊳ **but** [bət]
母音が弱くなります。語末の [t] がのみ込まれると「ブ」としか聴こえません。
I ran into his room, but he was gone.
（彼の部屋に駆け入ったが、彼の姿はなかった）

㊴ **than** [ðən, ðn]
母音が弱くなり、脱落することもあります。
This is better than that.（この方があっちよりもいいよ）
★この that は「指示代名詞」なので、文強勢を受け [ðæt] と発音されます。

㊵ **that** [ðət]
接続詞の that ではほぼ常に母音が弱くなります。
I know that the earth is round.

（私だって地球が丸いことは知ってますよ）

6. その他

㊶ **some** [səm, sm]
単位ある量・数があることを表しているときには母音が弱くなり、脱落することもあります。
May I have some more tea?
（お茶をもう少しいただけますか？）
★「何らかの、かなりの」を意味する some は、常に [sʌm] と発音されます。

㊷ **that** [ðət]
これは関係代名詞として使われる that です。
All that glitters is not gold.
（『輝くもの必ずしも金ならず（諺）』）

㊸ **there** [ðɚ]
これは「〜がある」という「存在文」の there です。
There was a lovely picture on the wall.
（壁にはきれいな絵が掛かっていた）
★The house is over there. など、副詞の there は [ðeɚ] と発音されます。

㊹ **who** [hu, uː, u]
これは関係代名詞の who です。
The man who was arrested was innocent.
（逮捕された男は無実だった）
★Who is he? などの疑問詞の who は、常に [huː] と発音されます。

　上に挙げた単語も、文強勢があればもちろん強形で用いられます。下記の例文㊺と㊻がその例です。またその次に何かが文法上略されたときには、文強勢がなくても強形で用いられます。その例が㊼〜㊿です。

㊺　I didn't say the book; I said a book. [... ðiː ... ei...]
（「その本」とは言っていない。ただ「本」と言っただけだ）

㊻ Give it to me, not to her. [... miː ... hɚː]
（私に渡しなさい。彼女に渡しちゃだめだ）
㊼ He is taller than I am. [...æm]
（彼の方が私より背が高い）
㊽ I don't know where she comes from. [... frʌm]
（私は彼女の出身地がどこか知らない）
㊾ I can dance better than you can. [...kæn]
（私の方があなたよりもダンスは上手だ）
㊿ She's been here longer than he has. [...hæz]
（彼女は彼よりも前からここに来ている）

One Point

　強・弱と並べると、なんとなく「強」の方が良いように思えてしまいます。しかし発音に関する限りは、「弱形が普通の形」で「強形は例外的な形」だということを十分認識しましょう。

Lesson 5　CD収録英文一覧

CD 7
① He wants to keep a cat.
② An apple a day keeps the doctor away.
③ Here's the book I was talking about. / The old man is still full of vigor.

CD 8
④ I think he knows it.
⑤ Do you know his name?
⑥ Just give him a pat.
⑦ I don't see her very often. / That's not Jane. It's her sister. She's borrowed it from one of her friends.
⑧ Will you get me a martini?
⑨ Ah, but she doesn't like music.
⑩ Have you been there?
⑪ He made us laugh. / Let's go.

CD 9
⑫ The shop is at the end of the street.
⑬ I'm looking for a house for rent.
⑭ He worked from morning till night.
⑮ Love is just one of those things. / I could do with a cup of tea.
⑯ Give it to Jane. / Give it to Anne.

CD 10

⑰ I am the master of this house! / I'm Popeye the sailorman.
⑱ You are wrong!
⑲ I'll be with you in a minute.
⑳ John's been to Tibet twice.
㉑ Jane's a nice young girl. / Matt's coming soon.
㉒ Bob was playing golf.
㉓ They were playing baseball. / They were all upset about it.
㉔ You can do it easily.
㉕ He could not catch the bus.
㉖ Do you like sushi? (3)
㉗ What does he do for a living? (3)
㉘ You have been to Paris, haven't you? (3)
㉙ Jane has been writing a report. (3) / Pat has been writing a report. (3)
㉚ The train had already departed. (3)
㉛ That must be John's car. (2)
㉜ I shall be twenty next month. (2)
㉝ Mary should have arrived there by now. (2) / You should tell me all about it. (2)
㉞ John'll be here tonight.
㉟ They would do anything for money. (3)

CD 11

㊱ Mary and Anne are good friends. (3) / I live on bread and butter. (3)
㊲ He is as good as dead.
㊳ I ran into his room, but he was gone.
㊴ This is better than that. (2)
㊵ I know that the earth is round.

CD 12

㊶ May I have some more tea? (2)
㊷ All that glitters is not gold.
㊸ There was a lovely picture on the wall.
㊹ The man who was arrested was innocent. (3)
㊺ I didn't say the book; I said a book.
㊻ Give it to me, not to her.
㊼ He is taller than I am.
㊽ I don't know where she comes from.
㊾ I can dance better than you can.
㊿ She's been here longer than he has.

※カッコ内の数字は、弱形の形を変えて読んだ回数です。

Lesson 6

英語と日本語の音節構造の違い

GOAL ここを理解しよう！

1. 日本語の音節構造の特徴

　母音を中心としてできている単位を音節（syllable）と呼びますが、日本語の音節は母音（V）だけからなるもの、子音（C）＋母音（V）からなるものがほとんどです。音節が子音で終わるのは、「ン」で表される音、「ッ」で表される音だけです。そして子音連続で始まるのは「ャ、ュ、ョ」で表される音だけです。これはローマ字に直してみるとよくわかります。

	漢字	ひらがな	ローマ字
V	亜/胃/卯/絵/尾	あ/い/う/え/お	a/i/u/e/o
CV	間/身/無/目/藻	ま/み/む/め/も	ma/mi/mu/me/mo
VC	案/印/運/円/恩	あん/いん/うん/えん/おん	an/in/un/en/on
CVC	晩/便/文/弁/盆	ばん/びん/ぶん/べん/ぼん	ban/bin/bun/ben/bon
CVC	葉っぱ/勝手/括弧	はっぱ/かって/かっこ	hap+pa/kat+te/kak+ko
CCV	客/急/局	きゃく/きゅう/きょく	kya+ku/kyu+u/kyo+ku

※ほかにギャ行、シャ行、ジャ行、チャ行、ニャ行、ヒャ行、ビャ行、ピャ行、ミャ行、リャ行があります。

　このように、日本語では音節として一番複雑なものでも職権（しょっけん syok＋ken）のように CCVC の姿をしている下線部であり、子音の連続は極めて限定されています。

　他方、英語では母音をはさんで音節の先頭部にも末尾部にもたくさんの子音連続が生じ得ます。しかし日本語の数少ない子音連続には英語にはないものがあり、そのために英語母語話者にとって聴き取りも、発音も難かしいものがあります。

① I am leaving Tokyo at three for Kyoto.
　　　　　　　　　トキオウ[tokiou]　　キオトウ[kiotou]

（3時に東京を出発して京都に向かいます）

② 病院へ行きます。　美容院へ行きます。
　　ビョーイン　　　　ビヨーイン

　英語母語話者が「東京」「京都」を「とうきょう」「きょうと」とうまく発音できないのは、英語には「キャ」「キョ」のような音節の頭の子音連続がないからです（cat があるのではないかと思うのは間違いです。cat は [kæt] であって [kjæt] ではありません。k の音色に影響を与えてはいますが、母音が違っています）。友人に清子さんと京子さんがいたら英語母語話者はやはり苦労します。

　「病院」と「美容院」という日本語話者にとっては何でもない区別が英語母語話者には苦手です。それは [bjo] という連続が英単語の語頭にはないからです（ただし語中では I will dub your tape.「あなたのテープをコピーしてあげましょう」の dub your の連結音のように「ビョオ」と発音できます）。

2. 英語の音節構造の特徴

　英語も主に母音を中心にして音節が構成されますが、日本語にくらべてはるかに多くの子音連続で始まり、また終わります。音節1つでできている単語を単音節語といいます。英語の単音節語は典型的には CVC の形をしていますが、単語の頭で3つ、終わりで4つまで子音が連続できます。これを日本語のように子音の後には母音が続くということを期待して聴くと、聴き取りができないということになります。

　語頭子音、語末子音の連続の例を次頁の表で確認してみましょう。

語頭子音	例
CVC	lip, pet, fog, tool
CCVC	flip, pride, spin, trip, thread, grip, sneeze, sweet
CCCVC	split, strike, scratch

語末子音	例
CVCC	crisp, task, rhythm, film, lift, fact, bulge, whistle
CVCCC	first, delft, length, risks, whistled, filmed, bulged
CVCCCC	tinkles, tumbles, singles, points

　語末子音連続は基本的には2つです。3つあるものはその最初がrかl、もしくはdelftのような外来語の場合で、それ以外のものは既存の語に他の要素がついた派生語です。語頭、語末あわせて最も子音の多い単音節語はstrengths（strength「強さ」の複数）です。

　そこでまずCVの形をした単語だけからなる例を聴き取りましょう。

③ Do you know me?（私のこと知ってる？）
④ Are you ready?（準備はいい？）
⑤ May I go now?（もう行ってもいいですか？）

　これらはCVの形の連続ですから、その点で日本語の音節構造とほぼ等しく、発音の上でも聴き取りの上でも易しいものです。しかし、そのような条件を満たした例というのは非常にまれで、次に見るようにむしろ、子音で終わる単語のほうがはるかに多くあります。その場合にも子音が連続して発音されることを理解することが重要です。次の例を注意して聴き取ってみましょう。

⑥ Jen bought this for him. (CVC)
　（Jenがこれを彼のために買った）

⑦ Chris flew from Spain through a storm. (CCVC)
　（Chrisは嵐の中、スペインから飛んだ）

⑧　They straggled from the street into the stream. (CCCVC)
　　（彼らは通りから小川の中に散らばって行った）

⑨　We must stand up and speak up. (CVCC)
　　（私たちは立ち上がって発言しなければならない）

⑩　First the guards frisked us. (CVCCC)
　　（まず守衛がわれわれの身体検査をした）

> **One Point**
>
> 　日本語と英語の音節構造の違いを十分に認識することは、聴き取り・発音上達の第一歩です。

Lesson 6　CD収録英文一覧

CD 13

① I am leaving Tokyo at three for Kyoto.
② 病院へ行きます。　美容院へ行きます。
③ Do you know me?
④ Are you ready?
⑤ May I go now?
⑥ Jen bought this for him.
⑦ Chris flew form Spain through a storm.
⑧ They straggled from the street into the stream.
⑨ We must stand up and speak up.
⑩ First the guards frisked us.

Column
意地悪なジョーク

　あるアメリカ人の家へ招かれたときのことです。日本で土産に買ったらしい10センチほどの薦被（こもかぶ）りの模型が飾ってありましたが、残念ながら上下逆さに置いてありました。気付かれないようにそっと直したつもりだったのですが、その家の奥さんがめざとく見つけて「あら恥ずかしい。逆さまだったの？ 日本語が読めないものだから」と言い、月桂冠だったか松竹梅だったかの字を指して「何て書いてあるの？」と訊きます。「"This Side Up"（天地無用＝こちらが上です）」という私のジョークに奥さんは笑い転げました。

　レストランに入るとウェイターがメニューを渡して If you have questions about the menu, please let me explain.（料理についてご質問がありましたら、ご説明いたします）と言うことがあります。アメリカのある店で、ウェイターはメニューを渡すまではよかったのですが、そのあと20分以上姿を消してしまい、やっと現れたと思ったら遅れた弁解もせずに If you have questions ～という決まり文句を述べ始めました。途中でさえぎって、Yes, I HAVE a question. Where have you been?（質問は大ありだ。今までどこへ行ってた？）と一発食らわせたら、初めて「店が立て込んでおりまして…」などという言い訳とともに謝りました。

　最初のジョークといい、ウェイターへの譴責（けんせき）といい、日本で日本人相手に、日本語で言うのだったら私もまずやらないでしょう。前者はジョークというより相手の失策への嘲笑と受け取られかねませんし、後者の場合は「注文しようにも注文を受ける奴がいなきゃどうしようもないじゃないか」というもっとストレートな怒り方をしたでしょう。笑いの活躍する範囲が、日本よりも英語国では広いようです。ここにも「英語の使い方」の基礎として知っておくべきことの一つがあるようです。

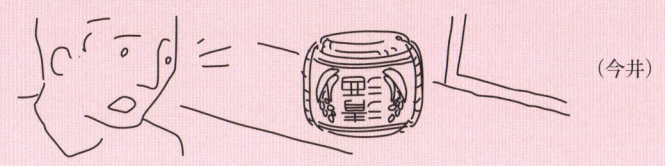

（今井）

Lesson 7

英語ではイントネーションが重要

GOAL ここを理解しよう！

1. イントネーションは話し手の「態度」を表す

イントネーション（intonation＝抑揚）とは、簡単にいってしまえば、発話のメロディーです。日本語にも抑揚はあります。しかし英語では、日本語の場合よりもはるかに大きい役割が与えられています。英語のイントネーションには話し手の広い意味での「態度」が込められているので、イントネーションに関する知識が欠けていると、話し手の「態度」を読み損なう恐れがあるのです。

次の2つの例を聴きくらべてください。

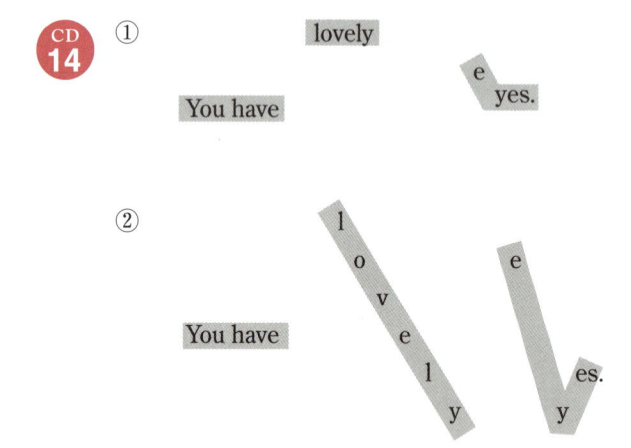

① You have lovely eyes.

② You have lovely eyes.

①も②も文としてはまったく同じです。ところが①は「きれいな眼ですね」という本当の誉め言葉と受け取れるのに対して、②には「眼はきれいだけど、ほかの造作（鼻、口、体型など）はどうもねえ...」という気持ちが込められているのです。次の例はどうでしょう。

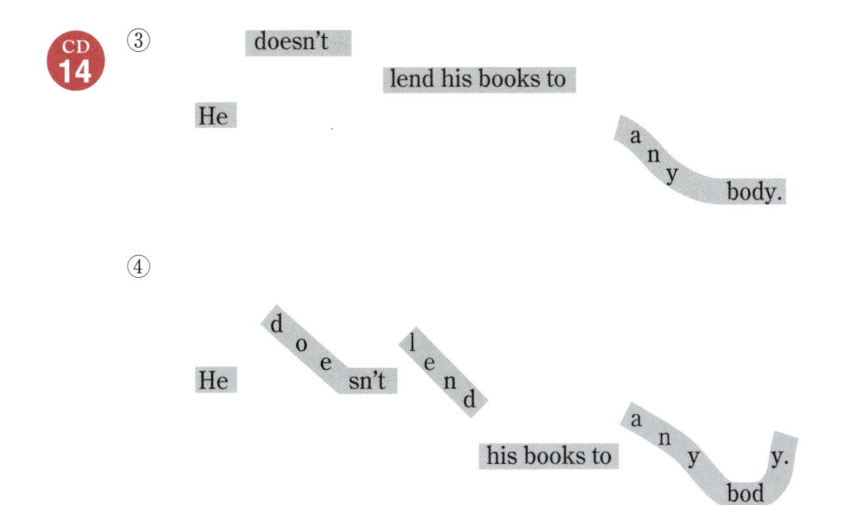

③ He doesn't lend his books to anybody.

④ He doesn't lend his books to anybody.

　③は「彼はだれにも本を貸さない」という意味に取れるのに対して、④は「だれにでも貸すわけではない＝人を選んで貸す」と解釈できます。つまり、イントネーション次第で、気持ちだけでなく、事実関係に関しても解釈が違ってくるわけです。

2. イントネーションの基本は上昇調と下降調

　イントネーションはメロディーですから、①〜④に見られるように、ピッチ（音程）が上がったり下がったり、また平らだったりします。しかし根底は「上昇調」と「下降調」であることをまず受け入れてください。細かいことは後で説明します。上昇調とは話し手が「何かについて判断を保留している、あるいは保留するふりをしている」ことを示します。下降調はそうした「判断保留」がないことを示しているのです。以下の⑤と⑥、⑦と⑧の例文を比較してください。上昇の印に［´］、下降の印に［`］を付けておきます。とりあえずはこの部分に注意して聴いてみましょう。

⑤　You can't do `that.
⑥　You can't do ´that.

⑤はたとえば親が子に向かって「そんなことをしちゃいかん」と権威をもって命令するときにふさわしい言い方です。判断保留などをしていては権威はなくなってしまいます。⑥は社員の1人について「あいつは生意気だ。クビにする」と怒っているワンマン社長に向かって、平取締役あたりが「でもあの有能な男を失ってはわが社の損失になりますし...」という気持ちから言っている言葉だと想像してください。つまり、自分が社長をいさめることの正当性について判断保留をしてみせているわけです。こうすれば遠慮が表現されます。「お言葉を返すようで申し訳ありませんが」という気持ちが言外に表されるといっていいでしょう。

⑦　What have you got ↘ there?
⑧　What have you got ↗ there?

⑦は凶器か麻薬などを持っているらしい怪しい男を警官が不審尋問している感じです。判断保留付きの不審尋問などというものはありません。⑧には玩具のアバレンジャーなりリカちゃん人形なりを大事そうに持っている幼児に「何持ってるの？」と優しく聞く響きがあります。⑧の上昇調が「話しかけること」に対する判断保留を見せているので、この優しさが現れるのです。

ただし、上昇調を用いればいつでも優しさや丁寧さが表現されるわけではありません。

⑨　Thank you ↘ very much indeed.
⑩　Thank you ↗ very much indeed.

⑨は丁寧なお礼の言い方ですが、⑩は奇妙です。命を助けてもらったお礼を言うのに判断保留をしていたのでは何にもなりません。↗Thank you. という上昇調のお礼は、店で買った買い物を店員から渡してもらったときなどの軽い感謝の気持ちを表すのに使います。

3. 高い下降調と低い下降調

⑤、⑦、⑨の下降調は、高いピッチからの下降が見られます。これを「高下降調」と呼びましょう。高下降調の特徴は「感情を強く表出する」ところにあります。子供に強い注意を与えたり、不審尋問をしたり、強い感謝の気持ちを伝えるのに適切です。同じことが次の例についてもいえます。

⑪ `Splendid!（すばらしい！）
⑫ `Super!（すばらしい！）
⑬ What a `beautiful day!（いい天気ですね！）
⑭ `Nonsense!（くだらない！）
⑮ Watch `out!（気をつけろ！）
⑯ `Jump!（飛び降りろ！）
⑰ Stay `back!（下がってろ！）

⑪～⑬は賛辞、⑭は強い非難、⑮～⑰は危険な目に遭いそうな人への緊急の忠告ですから、強い感情の表出が必要です。

これに対して、同じ下降調でもピッチの出発点が低い「低下降調」と呼ばれるものがあります。低下降調は感情表出が低い、あるいは抑えられた場合に使われます。記号では [ˎ] で表しましょう。たとえばˎThank you. と低下降調で相手に言われたら、その人は「礼儀上一応お礼は言っているが、実際には感謝していない」と思っていいでしょう。⑪～⑬を低下降調で言ったのでは、言葉と言い方がチグハグになってしまいます。また⑮～⑰に低下降調を使うのでは急場の役に立ちません。

⑭を低下降調で言うと、非難の対象から距離を置いた、落ち着いた非難となります。場合によってはこのほうが効果があるといえます。次の例はどうでしょう。

⑱ ˎStop it!（やめろ！）
⑲ ˎBeat it!（失せやがれ！）

高下降調で、しかも金切り声で`Stop it! と叫ぶのは、かえって話し手が自分の影響力に自信のないことを示してしまいます。ピ

ッチの低い、ドスのきいた声で⑱のように言ったほうが効果があるわけです。⑲もコワイ発話ですが、もし高下降調が使われたら、それほどビクビクすることはないかもしれません。

　相手や第三者の不幸に同情するときは強い感情を持つはずです。しかしそれを抑えた言い方でないと不適切です。日本語でも「ご愁傷様です」を朗らかな、高い調子で言う人は（ふざけている場合を除いて）ありません。次の例を聴いてください。

CD 15

⑳　＼Tragic!（悲惨な！）
㉑　How ＼tragic!（なんと悲惨な！）
㉒　What a ＼saddening piece of news!（なんと悲しい知らせか！）
㉓　I'm ＼so sorry to hear about your mother.
　　（お母様のこと、ご愁傷様です）
㉔　Aren't we all ＼sorry about her!（彼女は気の毒ですね！）

　たとえば、非常に悲劇的な死を遂げた人について高下降調で＼Tragic! と言ったのでは、その死を喜んでいるかに聴こえてしまうので気をつけなくてはなりません。

One Point

　ピッチの上がり・下がりが英語では非常に大きな役割を担っていることを確認しましょう。相手の意図を間違いなく理解し、こちらの意図を誤りなく相手に伝えるためには、正しいイントネーション技法が必須です。

Lesson 7　CD収録英文一覧

CD 14
① You have lovely eyes.
② You have lovely eyes.
③ He doesn't lend his books to anybody.
④ He doesn't lend his books to anybody.
⑤ You can't do that.
⑥ You can't do that.
⑦ What have you got there?
⑧ What have you got there?
⑨ Thank you very much indeed.
⑩ Thank you very much indeed.

CD 15
⑪ Splendid!
⑫ Super!
⑬ What a beautiful day!
⑭ Nonsense!
⑮ Watch out!
⑯ Jump!
⑰ Stay back!
⑱ Stop it!
⑲ Beat it!
⑳ Tragic!
㉑ How tragic!
㉒ What a saddening piece of news!
㉓ I'm so sorry to hear about your mother.
㉔ Aren't we all sorry about her!

Lesson 8

判断の保留を示すイントネーション

GOAL ここを理解しよう！

1. 低い上昇調と高い上昇調

　Lesson 7 では ⑥ You can't do ↗ that. や ⑧ What have you ↗ there? という低いピッチから始まる上昇調を見ました。これを「低上昇調」と呼びましょう。上昇調にはもう1つ、高いピッチから始まるものがあります。これを「高上昇調」と呼び [ˊ] で表します。次の文を聴きくらべてください。

CD 16　①　a. ˊWhat did you say?
　　　　　　b. ↗What did you say?

　a. は相手の言ったことが聴こえなかったので単純に聴き返すときの言い方ですが、b. は相手の言ったことははっきり聴こえたものの、その内容がけしからんと感じて咎めているときの発話です。「なんてことを言うんだ。聴き捨てならんぞ」と意訳できるでしょう。判断保留の程度が高上昇調では弱く、低上昇調では強いのです。
　次の②の例文も聴いてみましょう。a. は友達に名前を呼ばれたのに対する反応、b. は Do you have any money on you?（お金の持ち合わせはあるかい？）という質問に対する答えだと思ってください。

CD 16　②　a. ˊYes?
　　　　　　b. ↗Yes.

　a. では、まだ友達の用事が何かはわからないので軽い判断保留をしているだけですが、b. には相手の意図に対する強い判断保留が見られます。「そりゃ持ってるけど、だったらどうするんだい？」とでも意訳できる、警戒感を持った発話です。

64 ［第一部］理論編

もう一つ異なる例を聴きましょう。③の a. は I saw John in Aiea.（アイエアで John を見たよ） b. は I saw John in a porn shop.（ポルノショップで John を見たよ）という相手の発話に対する反応としましょう。

③　a. You saw him ↗ where?
　　b. You saw him ↗ where?

Aiea はハワイ州の地名で、アメリカの中で母音字だけで綴られている唯一の町という栄誉（？）を担っていますが、ハワイ州民でなければあまり知りません。だから a. は単純な聴き返しです。一方 b. は「え？　あの真面目男が？　まさか」という強い判断保留を表しています。

2. 平板調は下降調・上昇調が弱まったもの

Lesson 7 の①をもう一度見てください。lovely が水平に印字してあります。この文を聴くとわかるように、この部分は平板調、つまりピッチの上がり下がりなしに発音されています。そしてそのピッチは高いといえます。これを「高平板調」と呼び [→] で表しましょう。こうすると Lesson 7 の①は次のように表記できます。

〈例1〉 You have → lovely ↘ eyes.

Lesson 7 の⑥を聴き直してください。can't do の部分はピッチの低い平板調です。これを「低平板調」と呼び [→] で表します。Lesson 7 の⑥にこの記号を使って書き直すと、次のようになります。

〈例2〉 You → can't do ↗ that.

実は、高平板調は高下降調が、低平板調は低上昇調が「弱められた」姿なのです。事実、Lesson 7 の①や⑥の代わりに以下の④や⑤のような言い方をすることもあります。聴いてみてください。

④　You have ˋlovely ˎeyes.
⑤　You ˊcan't do ˊthat.

　④は非常に強調的な言い方ですし、⑤にはかなり執拗な判断保留が感じられます。しかし上昇調や下降調を発するには、平板調を使うよりもほんのわずかですが余分な能力を必要とします。人間というものは、ほんのわずかな努力でもしないですめばやらないという性(さが)があります。④や⑤を使わないでも高平板調や低平板調を使えば十分効果が上がると考えられるときは、無意識のうちに用いているのです。「高平板調は高下降調が、低平板調は低上昇調が弱められた姿だ」というのはまさしくここを指しているのです。

　さて、今度は Lesson 7 の③を見てください。doesn't と lend his books to とがそれぞれ水平に印字してありますね。平板調です。[ˉ] と [ˎ] の記号を使えば、この発話は次のように表されます。

〈例3〉 He ˉdoesn't ˉlend his books to ˎanybody.

　そして Lesson 7 の③をさらによく見ると doesn't のほうが lend his books より高く印字してありますし、この文をよく聴けば、同じ平板調でも doesn't のほうが lend his books to よりもピッチが高いことがわかります。そこで、次のような約束事を作りましょう。

★[ˉ] が2つ以上続くとき、[ˉ] のピッチは1つ前の [ˉ] のピッチより少し低く発せられる。

3. イントネーション記号の付いていない音節のピッチは？

　表題のような疑問が起こってくることでしょう。これについては次のように考えていきます。なお [ˋ], [ˎ], [ˊ], [ˏ], [ˉ], [ˍ] はまとめて「イントネーション記号」と呼ぶことにします。
　それではまず平板調から見てみましょう。

★[ˉ], [ˍ] が付いた音節の後ろにある音節のピッチは、次にイントネーション記号が現れるまでは同じピッチを保つ。

こう決めれば、〈例3〉の -nt が ˥does- と同じピッチで、his books to が ˥lend と同じピッチで、〈例1〉の -ly が ˥love- と同じピッチで、そして〈例2〉の do が ˍcan't と同じピッチで発せられることが示せます。
　下降調については次のように考えます。

★[ˋ], [ˎ] が付いた音節の後ろにある音節のピッチは、次にイントネーション記号が現れるまでは低いピッチにとどまる。

　〈例3〉を例にとれば、-body のピッチは ˋany- で下降したピッチをそのまま保つわけです。[ˎ] の後ろにくる音節も同じです。次の例を聴いてください。ˎtrac- で下降したピッチは、後ろにくる音節 -tive, Jane でも低い位置にとどまります。

CD 16

⑥　You're so at ˎtractive, Jane.

　上昇調については次のような約束事があります。

★[ˊ], [ˏ] の後ろにくる音節のピッチは、次にイントネーション記号が現れるまでそのまま上昇を続ける。

　①の a. の ˊWhat や b. ˏWhat の後の did you say のピッチは、What の上昇をそのまま引き継いでさらに上昇します。a. では ˊWhat のピッチの出だしがそもそも高いので、最後の say のピッチはずいぶん高くなっていることを、もう一度聴いて確認してください。
　そして最後の約束事は、文の初めにあるイントネーション記号のない音節についてです。〈例1〉の You have や⑥の You're so などがその例ですが、これについては次のように約束しておきましょう。

★文の初めの記号がない音節は、中ぐらいのピッチで素早く言われる。

4. 意図を「やわらかくする」下降上昇調

　　Lesson 7 の②と④をもう一度見てください。eyes と anybody が一度下がってまた上がるように印字されています。この②と④を聴き直すと、ピッチも同じように下がってまた上がっていることがわかると思います。イントネーション記号を使ってこの文を書き直すと次のようになります。

〈例 4 〉 You have ˋ lovely ˋ ˏ eyes.

〈例 5 〉 He ˋ doesn't ˋ lend his books to ˋ ˏ anybody.

　　これが「下降上昇調」です。「あれ？　上昇調が〔判断保留〕を表し、下降調が〔判断保留の不在〕を表すのなら、両方が一緒に現れるのは矛盾するのでは？」という疑問が出るかもしれませんが、そうではありません。判断保留の対象が異なる場合に下降上昇調を使うのです。〈例 4 〉の話し手は、相手の眼がきれいなことについては何の判断保留もしていません。判断保留の対象は、眼から連想される他の造作の美しさです。〈例 5 〉の話し手は、この文の内容全体についてはやはり判断保留をしていませんが、not + anybody = nobody となることについて判断保留をしているのです。このことから「誰にでも貸すわけではない」という言外の意味が生まれるのです。

　　下降と上昇は、1つの単語に付けられるとは限りません。次の例を聴いてください。

⑦　　My ˋ father was born in ˏ Texas.

　　これを「あなたのお母様はテキサス生まれでしたね？」という問いかけに対する返事だとしましょう。「テキサス生まれは母でなくて、父のほうです」という訂正なのですが、father の下降調だけで終わってしまったら、ピシャリと相手の思い違いを正すようで礼儀上適切とはいえません。そこで、終わりに上昇調を使って「相手の思い違いを訂正することの妥当性」に関する判断保留をし

て見せ、これが発話をやわらげるはたらきをしているわけです。Texas に上昇調が付いているからといって、テキサス州について判断保留を行っているわけではありません。

　Lesson 7 の⑧も聴くとわかるように、下降上昇調です。イントネーション記号を使って書くと次のようになります。

〈例6〉　↘What have you got ↗ there?

　幼児の手にしているものが何であるかはすでにわかっています。しかし、それに大いに興味を持っていることを装うためにまず下降調が使われ、次に「話しかけていい？」という気持ちを表すため、判断保留用の上昇調を用いて「優しさ」を出しているわけです。

5. 驚きを表す上昇下降調

　まず次の例文を聴いてみましょう。依頼心の強い男がまた図々しく助力を求めてきたのに対する「またかい。世話の焼ける奴だ」という反応だと思ってください。

⑧　You are a ↗ ↘ nuisance.

　↗ ↘ nuisance に付けられている [↗] と [↘] が「**上昇下降調**」です。この場合も判断保留のある・なしに関する矛盾はありません。上昇部分は相手の依頼心の強さ・図々しさが「治る」ことに対する強い判断保留を表しています。と同時に、相手を迷惑な奴だと思っていることについては判断保留はまったくないので、最後は下降調で締めくくっているのです。
　==上昇下降調の上昇部分は強い判断保留を示すので、「驚きを表す」==とよくいわれます。その驚きは⑧の場合のように不愉快なものだけではありません。このような例も聴いてください。

⑨　How ↗ absolutely ↘ marvelous!

　これは、思いもかけなかった、あるいは思っているよりもはる

かに素晴らしい成り行きになったので、それが本当であることに対する判断保留をして見せることで驚きを表現しているわけです。同時に、それが素晴らしいということ自体には何の判断保留もないので、つづけて下降調を使っています。⑨はまた、上昇調と下降調が別々の単語に付けられる場合もあることを示す例でもあります。この場合の上昇調は特に低いピッチから始まるので、[´]でなく[↗]を使います。

> **One Point**
>
> 　平板調、上昇下降調などと名前はいろいろありますが、根底には「上昇・下降」という単純な２つの区別があるのだと知れば、混乱を生ずることはありません。技法が必須です。

Lesson 8　CD収録英文一覧

CD 16

① What did you say?
　　What did you say?
② Yes?
　　Yes.
③ You saw him where?
　　You saw him where?
④ You have lovely eyes.
⑤ You can't do that.
⑥ You're so attractive, Jane.
⑦ My father was born in Texas.
⑧ You are a nuisance.
⑨ How absolutely marvelous!

Lesson 9

多様な母音の発音

GOAL ここを理解しよう！

1. 英語の母音は日本語の母音よりずっと多い

　match と much、boat と bought などの聴き分けに苦労する日本人学習者は少なくありません。英語のほうが日本語よりはるかに母音の数が多いのですから無理からぬことです。でもこの無理は、英語の聴き取り力をつけるためには受け入れなければならないものです。それは英語母語話者が日本語を習う場合、「オジサン」と「オジーサン」、「多感(たかん)」と「達観(たっかん)」の聴き分けができるようにならなくてはいけないのと同じことです。さあ、頑張って英語母音の多様さを克服しましょう。

2. 母音の違いは音色の違い

　日本語の「アイウエオ」をまったく同じ音程で言っても、区別がつきます。それはこの5つの母音の「音色」が違うからです。それはちょうどピアノ、ヴァイオリン、フルートを同じ音程で鳴らしても、音色が違うのでどの楽器かをあてることができるのと同じです。

　母音の音色の違いは (i) 舌のどのあたり（真ん中か奥のほうか）が高く持ち上げられているか、(ii) その高さはどのくらいか、(iii) 唇はどういう形をしているか、の3点によって決まってきます。

　(i) と (ii) については、「舌のどの辺がどのくらい高いかなど、見えないのだからわかるわけがない」と思うかもしれません。ところがそうではないのです。ゆっくりと「イーアーイーアー…」と繰り返し言ってみてください。「イー」のときは上の奥歯に舌が触っていて、「アー」のときは舌が歯から離れていることがわかるはずです。「イー」のときよりも「アー」のときのほうが舌が高く持ち上がっているからです。また、「イー」のときよりも「アー」のときのほうが、口を少し大きく開いているのがわかるでしょう。

今度は、やはりゆっくりと「イーウーイーウー...」と繰り返し言ってください。舌全体が「イー」のときは何となく前のほうにあり、「ウー」のときは後ろへ引かれている感じがするでしょう？「イー」は舌の（前後へかけての）真ん中あたりが高くなっていて、「ウー」は舌の奥のほうが高くなっているからです。

　「舌が高い低いというのは、上あご（＝口の中の天井）からどれくらい離れたことをいうのか」とか「舌の真ん中とか奥とかいうのは、舌先からどれくらいの部分を指すのか」などということは気にする必要はありません。「舌が高く持ち上がっているかどうか」「舌の比較的前のほうを使っているか奥のほうを使っているか」の「感じ」がわかれば、それは英語のいろいろな母音を聴き分け、さらには発音し分けるワザに1歩、いや3歩ぐらいまで近づいたといえます。

　英語音声学の指導者は学習者の発音を直すときに「君の hit の母音は舌の位置が高すぎる。もっと舌を低くしなさい」などと言いますが、学習者の口の中が見えるはずはありません。学習者の発音を手がかりにチェックしているのです。読者も最初は日本語の「アイウエオ」を発音しながら自分の舌の動きを感じ取る練習から始めてください。

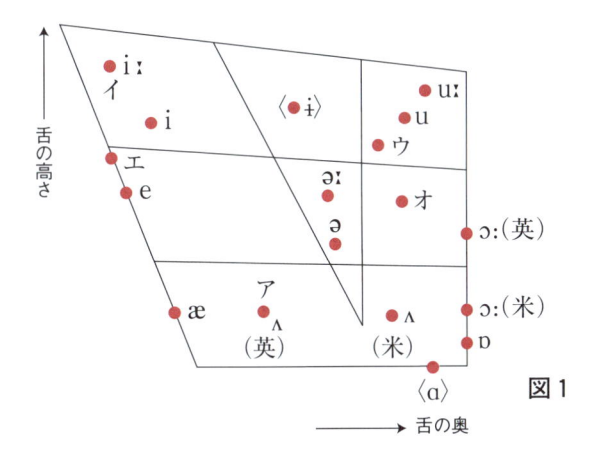

3. 舌の高さと位置

図1

　図1は、日本語の母音と英語の母音について、舌のどの辺がど

のくらい持ち上がっているかを図式的に示したものです。左側が舌の真ん中の辺り、右側が舌の奥のほうを表しています。日本語の母音はカタカナで、英語の母音は発音記号で書いてあります。これを見れば、英語の [iː] と日本語の「イ」とは舌の位置や高さが同じだとか、英語の [e] は日本語の「エ」よりもほんの少し舌の位置が低いんだな、などということがわかります。何もここでこの図を覚えたりする必要はありません。これから聴き取りや発音練習をする場合に、自分の口の中の感じと聴こえる音とを結びつけることによって聴き取り能力と発音能力を鍛えるわけですが、そのときの参照材料だと考えてください。

4. 英語母音の発音記号1

　辞書を引いても発音記号のところにはあまり注意を払わない、という人は少なくありません。その点を考慮して、聴き取りや発音関係の本の中にはカタカナで英語の発音を示しているものもあります。しかしそれだと hat [hæt], hut [hʌt], hot [hɑt] という3つの異なる母音を含んだ語がみな「ハット」になってしまいます。「ヘアット」「フアット」「ハアット」などと書き分けても、結局正しい発音は表せません。正しい聴き取り力と発音力を養うためには、発音記号が不可欠です。すぐ慣れるので、安心して前進してください。

　図1にある英語母音の発音記号と、それを含んだ単語とを下に挙げてみます。a. と f. に使われている [ː] はその音がある程度長いことを示しています。

① 　a. [iː]　sea [siː], bead [biːd], seat [siːt]
　　b. [i]　 bid [bid], kick [kik], sit [sit]
　　c. [e]　 bed [bed], said [sed], set [set]
　　d. [æ]　hat [hæt], bad [bæd], mad [mæd]
　　e. [ʌ]　 hut [hʌt], bud [bʌd], cut [kʌt]
　　f. [ɑː]　calm [kɑːm], palm [pɑːm], box [bɑːks]

　[iː] は日本語の「イ」を少し長めに発音すればいいので、聴き取りも発音も特に難しくありません。問題は [i] です。記号を見ると

[iː] と [i] の違いは長さだけだと誤解されがちですが、違いは実は「音色」にあるのです。[i] は日本語の「イ」よりも「エ」に近い舌の高さで発せられ、「エ」に似た音色を持っています。しかし [i] を「エ」と発音すると、英語の [e] とが区別できなくなります。そこで [e] の舌の位置を一層下げると、それ以上舌を下げる余裕がなくなり、今度は [æ] が発音できなくなってしまいます。

そこで、①の a. から e. はまとめて聴き分けと発音し分けを練習するのが効果的です。下記の例文②と③を使って練習してみてください。[e] は図にあるとおり、日本語の「エ」よりも舌の高さが低いのですが、「エ」とそう大きな違いはありません。[æ] を出すときは、舌先を下の前歯の裏に付け、その代わり口を大きく開いて舌全体を大きく突き出すようにしてください。[ɑ] も医者に喉の奥を診てもらうときのように思い切り大きく口を開け、舌を寝かすようにすると効果があります。

② bead [biːd] − bid [bid] − bed [bed] − bad [bæd] − bud [bʌd]

③ mud [mʌd] − mid [mid] − met [met] − mad [mæd] − meet [miːt]

①の e. と f. も混同されやすい音です。さらに練習しましょう。

④ bomb [bɑːm] − bum [bʌm], box [bɑːks] − bucks [bʌks], cop [kɑːp] − cup [kʌp], cod [kɑːd] − cud [kʌd], long [lɔːŋ] − lung [lʌŋ]

5. 英語母音の発音記号2

次の母音を聴き、また発音してみましょう。

⑤ a. [ɑɚ]　　are [ɑɚ], bar [bɑɚ], card [kɑɚd], march [mɑɚtʃ]
　 b. [ɔː]　　bought [bɔːt], cause [kɔːz], lawn [lɔːn]
　 c. [ɔɚ]　　born [bɔɚn], board [bɔɚd], cord [kɔɚd], horse [hɔɚs]
　 d. [u]　　put [put], pull [pul], wood [wud], could [kud]
　 e. [uː]　　pool [puːl], do [duː], group [gruːp], rude [ruːd]

⑤の a. は、①の f. の [ɑː] の後に [r] が続くというか、むしろ [ɑː] 全体が「r の色合いを持つ」音です。この「r の色合い」を理解するために、図2を見てください。

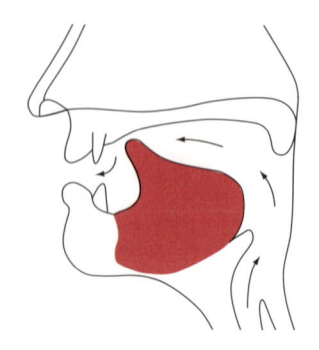

図2

　これは英語の [r] を出すときの舌の形です。日本語のラ行音にもいろいろありますが、多くは舌先が上あごに接触します。図2を参照に、舌先が上あごに接触しないように注意しながら、声を出してみてください。「ウー」というようなこもった音がするはずです。[ɑɚ] は、出だしは [ɑː] と同じように口を大きく開き、舌を寝かせ、続いて舌先を図2の位置に移動させる音なのです。

　⑤の b. から e. はこの Lesson の初めのほうで述べた (iii)「唇はどういう形をしているか」が関係している母音です。「唇の形」というのは、「どのくらい丸められているか」を指します。日本語の母音にはあまり唇の形が関係していないので、聴き取りや発音の練習の際は音声を注意して聴き、また鏡で自分の唇を見ながらチェックしていきましょう。

　⑤の b. [ɔː]は、①の f. [ɑː] に「唇の丸め」を加えた母音です。口を大きく開けて舌を寝かせた上で唇を丸めるのですから最初は難しいかもしれません。唇を丸めようとして口の開きを小さくしてはいけません。鏡をよく見て練習してください。なお、アメリカ人では [ɔː] の例として挙げた bought, cause, lawn に、[ɑː] を使って [bɑːt] [kɑːz] [lɑːn] と発音する人も多くいます。

　⑤の c. [ɔɚ] も最初は難しいかもしれません。出だしの [ɔ] は舌の奥を [ɑː] の場合より少し高くして、唇を強く丸めて出します。「少し高く」と言われただけではどうしてよいかわからないでしょう。しかし、音声をよく聴き、それをまねる際に鏡を使って自分

の出す音と関連づけながらやっていけば、必ず上手に発音できるようになります。

　⑤の d. [u] は日本語の「ウ」とはまるで違う音です。日本語の「ウ」には唇の丸めがほとんどないからです（それどころか唇を横に広げて発音する人もいます）。不思議なことに、唇をうんとすぼめて日本語の「オ」を出すつもりでやるとうまくいきます。また、最初のうちは put とか pull などを材料にして集中して練習するといい結果が出ます。これはきっと [p] が、後で話すように唇を使う音だからでしょう。

　⑤の e. [uː] では唇を [u] の場合よりもっと強く、「口笛が吹けるくらい」すぼめてください。図1に見るとおり、[uː] は「ウ」はもちろん、[u] にくらべてさえ舌の位置が高いのですが、舌の高さをあまり考えずに唇の丸めをごく強くすると、どういうわけか舌の位置も自然に高くなることが多いのです。

6. 英語母音の発音記号3

　さらに次の母音を聴き、明確に発音できるよう練習してみましょう。

CD 17

⑥　a. [ɚː]　　bird [bɚːd], serve [sɚːv], curve [kɚːv], word [wɚːd]
　　b. [ɚ]　　mother [mʌðɚ], father [fɑːðɚ],
　　　　　　　grammar [ɡræmɚ], surprise [sɚpraiz]
　　c. [ə]　　about [əbaut], policeman [pəliːsmən],
　　　　　　　obtain [əbtein], support [səpɔːɚt]

　⑥の a. [ɚː] は図1に見るように舌の真ん中と奥の中間で発音され、おまけに「r の色合い」を持っているために、日本語耳にはなんとなくあいまいな音に聴こえるようです。そこで学習者の中には要するにいい加減な音を出せばこの音になるのだと誤解する人がいます。大きな間違いです。まず「イ」を引き伸ばして言ってください。唇が横に引かれていることがわかります。[ɚː] にはこの「唇の横引き」という重要な要素があるのです。本書のナレーターは唇の横引きがそれほど強くありませんが、アメリカ人の中にはもっと強く横引きを使う人もいます。特に気をつけるべきな

Lesson 9｜多様な母音の発音　77

のは、この音と⑤の a. [ɑɚ] とを混同しないことです。[ɑɚ] の出だしは口を大きく開け、舌を寝かすことでした。次の例で聴き分けと発音を練習してください。

CD 17

⑦ heart [hɑɚt] – hurt [hɚ:t], bard [bɑɚd] – bird [bɚ:d],
　card [kɑɚd] – curd [kɚ:d], dart [dɑɚt] – dirt [dɚ:t]

⑥の b. [ɚ] は「[ɚ:] マイナス唇の横引き」と思っていいでしょう。⑥の c. [ə] はそれこそあいまいに、いい加減に発音されるのが特徴です。r の綴りが入っていても、surprise や particular などのように語尾でなく、語強勢がないところでは sur-, par- の部分に [ɚ] の代わりに [ə] を使うアメリカ人も少なくありません。

One Point

　通常の綴りのほかに発音記号を学ぶのは一見大変なようですが、自分の口の中の感覚と出てくる音との関係がつかめれば、その便利さもつかめてきます。

Lesson 9　CD収録英文一覧

CD 17

① sea, bead, seat
　bid, kick, sit
　bed, said, set
　hat, bad, mad
　hut, bud, cut
　calm, palm, box
② bead, bid, bed, bad, bud
③ mud, mid, met, mad, meet
④ bomb − bum, box − bucks, cop − cup, cod − cud, long − lung
⑤ are, bar, card, march
　bought, cause, lawn
　born, board, cord, horse
　put, pull, wood, could
　pool, do, group, rude
⑥ bird, serve, curve, word
　mother, father, grammar, surprise
　about, policeman, obtain, support
⑦ heart − hurt, bard − bird, card − curd, dart − dirt

Lesson 10

日本人が苦手な子音のレッスン❶

GOAL ここを理解しよう！

1. まずは苦手な区別から

　　　[r] と [l]、[s] と [θ](th) の子音の区別は、日本人がもっとも苦手とするところです。まずはこれから練習していきましょう。

　　　[r] を発音するときの口の形は Lesson 9 の図 2 で示しました。日本語のラ行音子音にはいろいろな種類がありますが、舌先を上あごに一時つけるものが多いようです。英語の [r] では舌は上あごに触らないのだ、ということを確認しましょう。
　　　次に [l] ですが、まず「タッタッタッタッタッ」と言ってみてください。舌先が上の前歯の裏側とその少し上の歯茎に接触するのがわかるでしょう。特に最後の「ッ」のときに息を止めるようにするとわかりやすいはずです。その舌先を離さないようにして、少しずつ口の奥のほうへ、いわば舐め上げていきましょう。前歯の付け根の少し上に出っ張りがありますが、その出っ張りのすぐ後ろ（奥）の辺りにまだ舌先が接触しているのを確かめながら声を出してください。「ウー」というような音が出ますね。これが [l] の音なのです。
　　　では、さっそくこの区別を聴き分けてみましょう。

CD 18

① 　a. At this rate, we can't stay at this hotel.
　　　　（この料金ではこのホテルには泊まれない）
　　　b. At this late hour we can't wake up our children.
　　　　（こんなに遅い時間では子供を起こすことはできない）

② 　a. You must understand this problem in the right light.
　　　　（正しい観点からこの問題を理解しなければならない）
　　　b. Will you make a right at the next traffic light?
　　　　（次の信号で右折してください）

③ a. This is what remains of the broken mirror.
　　（これが割れた鏡の残骸です）
　b. This is what remains of the broken miller.
　　（これが壊れたフライス盤の残骸です）

④ a. John is swimming in the raw.
　　（John は裸で泳いでいる）
　b. John is learned in the law.
　　（John は法律に通じている）

⑤ a. Bill is a judicious reader.
　　（Bill は賢明な読者だ）
　b. Bill is a judicious leader.
　　（Bill は賢明な指導者だ）

　今度は [s] と [θ] の区別です。[θ] については「舌先を前歯の下につけて s のような音を出す」というようなことがよく言われます。間違いではないのですが、まず「s のような」という点が誤解を招きます。[s] は非常に響きの強い音ですが、[θ] はごく弱い音です。[θ] というのは「か細く出せばいいんだ」ということを自覚してください。それと「前歯の下につける」という言い方にも問題があります。ピッタリつけてはいけないのです。舌先を前歯の下に近づけて、舌先と前歯の間を空気が通っていくようでなければいけません。くわしいことは後で話しますが、まずは聴き分けの練習をしましょう。

CD 18
⑥ sin [sin] – thin [θin], sing [siŋ] – thing [θiŋ],
　sought [sɔ:t] – thought [θɔ:t], sink [siŋk] – think [θiŋk],
　sank [sæŋk] – thank [θæŋk], mouse [maus] – mouth [mauθ]

2. 破裂音の [p, t, k], [b, d, g]

　play の p、ball の b などの音は [l] や [θ] と違って、非常に近い音が日本語にあるので「苦手」とする人はいないといえます。ただほんのちょっとした違いが聴き取りと発音に影響しますので、

十分注意しましょう。

　[p] を出すときは、唇を閉じて息が口や鼻の外へ出ていかない状態を作り、肺から空気を口のほうへ送ります。出口がないので肺から口までの「密室」に空気が閉じこめられますが、ここで唇を開けば、風船に針を刺したときのように空気がパッと外へ出ます。このような方式で出す音を「**破裂音**」といいます。表題の [p, t, k], [b, d, g] はみな破裂音です。「密室」を作り（これを「**閉鎖**」といいます）、出口となる場所が、[p, b] では上下の唇、[t, d] では舌先と歯茎、[k, g] では舌の奥と上あごの奥です。「閉鎖」を開いて空気をパッと出すことを「**解放**」といいます。

　英語の [p, t, k] には共通点があります。それは強勢のある母音の前で使われるときは強く息が吐き出されることで、これを「**気息**」といいます。日本語にはこれがありませんから注意しなければなりません。

　次の例文を聴いてみましょう。気息を表すために発音記号には小さな "h" が書かれています。

⑦　It's a pen. [pʰen]　　It's the peak. [pʰiːk]　　It's a pan. [pʰæn]
⑧　It's tea. [tʰiː]　　He's tall. [tʰɔːl]　　It's a tank. [tʰæŋk]
⑨　It's cool. [kuːl]　　His name is Ken. [kʰen]　　It's a can. [kæn]

　[t] には、日本語のタ行音子音にはない特徴がさらに二つあります。一つはタ行音子音の「閉鎖」が舌先と前歯の裏側であるのに対し、英語の [t] では上の [l] の場合と同じように、舌先と歯茎の少し奥な点です。もう一つは、英語の [t] は日本語の「ツ」や英語で It's [its] と言うときの [ts] にいくぶん似た音だという点です。その点に注意して ⑧ の例文をもう一度聴いてください。

　ただ、この「気息」は [p, t, k] の前に [s] がくるとなくなってしまいます。次の例を聴いてみましょう。

⑩　peak – speak, take – steak, cool – school

　次の例も聴いてください。

⑪　It's a map. [mæpʰ]　It's a mat. [mætʰ]　It's a Mac. [mækʰ]

アメリカ人に「この文をはっきり読んでください」と頼めば⑪のように読んでくれるでしょう。しかし通常の発話では次のように言うのが普通です（Lesson 1 でも聴きました）。

⑫　It's a map. [mæp̚]　It's a mat. [mæt̚]　It's a Mac. [mæk̚]

聴き取りにちょっと苦労しますが、これは [p, t, k] が文の終わりにくると、それが「のみ込まれて」しまうからです。もう少し正確にいうと、それぞれの閉鎖をすぐに解放しないで、息を鼻のほうからそっと逃がしてしまうのです。これは Lesson 26 でまたくわしく扱います。

次の例では、下線を引いた音の解放がよく聴こえません。

⑬　that pen [ðæt̲ pen], act [æk̲t]

これは解放をする前に、次にくる破裂音のための閉鎖がかぶさってきてしまうためです。

One Point

　外国語の習得には、「易から難へ」でなく「難から易へ」という順序が効果があります。l と r、s と th の区別のほか、無声破裂音の「気息」の有無など、十分身に付けてください。

Lesson 10　CD収録英文一覧

CD 18

① At this rate, we can't stay at this hotel.
　　At this late hour we can't wake up our children.
② You must understand this problem in the right light.
　　Will you make a right at the next traffic light?
③ This is what remains of the broken mirror.
　　This is what remains of the broken miller.
④ John is swimming in the raw.
　　John is learned in the law.
⑤ Bill is a judicious reader.
　　Bill is a judicious leader.
⑥ sin—thin, sing－thing, sought－thought, sink－think, sank－thank, mouse－mouth
⑦ It's a pen.
　　It's the peak.
　　It's a pan.
⑧ It's tea.
　　He's tall.
　　It's a tank.
⑨ It's cool.
　　His name is Ken.
　　It's a can.
⑩ peak－speak, take－steak, cool－school
⑪ It's a map.
　　It's a mat.
　　It's a Mac.
⑫ It's a map.
　　It's a mat.
　　It's a Mac.
⑬ that pen, act

Column
「ビア、ツー」

　毎年日本から何百万人もの観光客が押し寄せるハワイでは、いろいろなところで日本人の英語に接する機会があります。間違った英語を使っている人もいますが、それをいちいちあげつらおうということではありません。日本人観光客の英語から、日本語と英語の違いを考えてみようと思います。

　レストランなどで注文するときに、たとえば日本語の感覚で「ビール2本」と言おうとすると、（ずっと聞き耳を立てていたわけではありませんが、そのような場面に居あわせた場合）日本人観光客は判で押したように「ビア、ツー」と言います。「ツー」では通じないのではと心配されますが、たいてい2本指を立てますからこれで十分通じますし、いまではハワイのレストランやバーでは、日本人観光客の注文の仕方として受け入れられているのではないかと思います。しかし、英語ではちょっとぶっきら棒に言っても Two beers, please. となります。two と beer が逆ですね。beer は物質名詞だから beers はおかしいだろうと思う人もいるかもしれませんが、レストランなどでの注文の場合などは two mugs of beer とか two bottles of beer と言わないで、単に two beers のように可算名詞として用いるのが普通です。

　なぜ、日本人観光客は Two beers と言わないで、Beer two と言うのでしょうか？　そうですね、読者諸賢ご推察の通り、日本語の「ビール（を）2本/杯（下さい）」の語順をそのまま使っていると考えられます。これはたまたま対応する日本語の語順を使っているということではなく、日本語と英語には数量を表す表現と名詞の間に規則的な違いがあるからだと考えられます。僕はお金をたくさん持っています＝I have much money. 人が大勢来ました＝Many people came. などを見ればそれは明らかです。

　「2本のビール」とも言うじゃないかと思われる向きもあるかと思いますが、「冷蔵庫に冷やしてある2本のビールを飲んでしまおう」というときには適切ですが、注文のときに「2本のビールを下さい」というのは変ですね。その理屈を考えてみると面白いのですが、それはともかく、注文するときには We would like two beers, please. と、少なくとも Two beers, please. と言うことにしましょう。

（外池）

Lesson 11

日本語にない子音のレッスン❷

GOAL ここを理解しよう！

1. 有声音と無声音

ふつうの言葉では、口や鼻から出てくる音声をみな「声」といいますが、言葉の音声を扱うときは「声」という語をもっと狭い意味で使います。

喉のところには喉仏(のどぼとけ)があります。男性では特に出っ張っているので外から見ただけでわかりますし、女性も指で触ってみればすぐわかります。喉仏の内部に声帯という一対の靱帯(じんたい)があって、この声帯が振動しているときに出る音を「**有声音**」、声帯が開いているときに出る音を「**無声音**」と呼びます。

指先を喉仏に軽くあてて「アーイーウーエーオー」と言ってみてください。指先に振動が感じられます。声帯が振動しているからです。今度はロウソクの火を吹き消すときのように「フーッ」と息を吐いてください。指先に振動が感じられないはずです。声帯が振動していないからです。これが有声音と無声音の違いです。有声音と無声音の区別を子音で実感するには [s] と [z] が便利です。これらは摩擦音ですから、[s:::::] [z:::::] のように連続して発することができます。次の例を聴いて、まねをしてみてください。

CD 19 ① a. [s:::::]
　　　 b. [z:::::]

「スー」[suuuuu]、「ズー」[zuuuu] ではありません。ここで連続しているのは「ウ」[u] という母音です。[s:::::] [z:::::] のまねができたら、それぞれを連続して発しながら、喉仏に指先を軽くあててみてください。[s:::::] のときには声帯の振動がなく、[z:::::] のときには振動が感じられるのがよくわかるでしょう。

2. 有声破裂音の[b, d, g]

破裂音[p, t, k] の有声版が [b, d, g] です。[d] の発音で舌先が歯茎の「少し奥」にあてられることを忘れないようにしましょう。[b, d, g] は有声音とはいいながら、語頭にきたときは最初のほうが、また語尾にあるときは終わりのほうが、軽く無声化します。

② Be quiet!（静かに！）
　 Bill is a nice guy.（Bill はいい奴だ）
　 Hi, Bob!（やあ、Bob！）
　 What a good club!（なんていいクラブだ！）

③ Don't be silly!（ばかなこと言うなよ！）
　 Dick is a nice guy.（Dick はいい奴だ）
　 Stupid!（ばかな！）
　 Splendid!（すばらしい！）

④ Get moving!（急げ！）
　 Go away!（行っちまえ！）
　 That's not in vogue.（それはもう流行りじゃないよ）
　 He's out of my league.（彼は私などの及ぶところではない）

[b, d, g] も [p, t, k] と同じように、文の終わりでは「のみ込まれる」のが普通です。次の例の聴き分けも練習しましょう。

⑤ It's a robe.（それはローブ〔長くゆったりした服〕だ）
　 It's a road.（それは道だ）
　 He's a rogue.（彼は悪漢だ）

また、次に閉鎖音がくると、その閉鎖によって「かぶせられる」ことも起きます。以下の例で確かめてください。

⑥ web page, rub down, job creation, lab test
⑦ good deal, card punch, third base, birdcage
⑧ big game, dogcart, ragtime, big deal

3. 摩擦音の [f, v, θ, ð, s, z, ʃ, ʒ, h]

前に述べたとおり、[θ] という音は舌先と前歯の間の隙間を空気が通るときに出る音でした。破裂音のように口の中に閉鎖を作って空気の流れをいったん止める音と違い、口の中に隙間を作ってその間に空気を通すことで出す音を「**摩擦音**」と呼びます。

[f] は上の前歯と下唇の間に隙間を作って出す摩擦音です。唇というと、他人の唇や鏡で見る自分の唇から察して「外から見える唇の部分」と思ってしまう人がいますが、むしろ「唇の裏側」を使うということを理解してください。ヘボン式ローマ字では「富士」「フトン」を Fuji, futon と書きますが、「フ」の子音は上下の唇の間の隙間に空気を通して出す音で、音声記号では [ɸ] と書く音です。正しく [f] を発音する練習をしてみましょう。

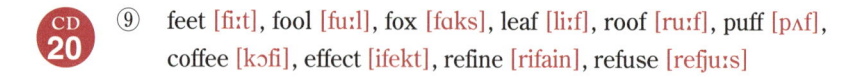

CD 20 ⑨ feet [fiːt], fool [fuːl], fox [fɑks], leaf [liːf], roof [ruːf], puff [pʌf], coffee [kɔfi], effect [ifekt], refine [rifain], refuse [refjuːs]

[v] は [f] の有声版です。有声の摩擦音は、語頭や語尾での無声化の程度が有声破裂音の場合よりもさらに強いので、次の単語でよく練習してください。

CD 20 ⑩ veal [viːl], vet [vet], van [væn], voice [vɔis], voodoo [vuːduː], view [vjuː], very [veri], leave [liːv], live [liv], cave [keiv], curve [kɚːv], nerve [nɚːv], have [hæv], resolve [rizɔːlv], move [muːv]

[v] はよく [b] と聴き違えます。次の単語が [v] か [b] かをよく注意して聴いてください。

CD 20 ⑪ berry [beri], veer [viɚ], very [veri], beer [biɚ], curb [kɚːb], conserve [kənsɚːv], curve [kɚːv], jive [dʒaiv], abide [əbaid], divide [divaid], invite [invait], inbreed [inbriːd]

[ð] は the や that に使われる音で、[θ] の有声版です。舌先が前

歯にくっつきすぎて空気の流れが妨げられないよう、[θ] のとき以上に注意しましょう。[ð] は [z] や後から出てくる [dz] との聴き分けが難しいです。次の単語が [ð] を含むか [z] を含むかを聴き分けてみましょう。

⑫ Zen (禅)[zen], zebra [ziːbrə], then [ðen], their [ðeɚ], breathe [briːð], sees [siːz], seethe [siːð], tease [tiːz], breeze [briːz], teethe [tiːð]

次は [s] と [z] です。[s] には難しいところはありませんが、問題は [z] です。多くの人が訓令式ローマ字表記から類推して、これをザ行音の子音だと勘違いしていますが、「ザジズゼゾ」は [dza, dʒi, dzu, dze, dzo]、つまりこの後でやる「破擦音」で始まっているのです。破擦音は「閉鎖」で始まりますが、[z] は [s] の有声版で、あくまでも摩擦音なのです。以下の単語で [z] や [dʒ] を聴き分けてみましょう。

⑬ zephyr [zefɚ], Brazil [brəzil], zeal [ziːl], zoo [zuː], rose [rouz], zed [zed]

さらに、次の単語をよく聴いて、語頭・語尾の [z] の無声化に十分慣れるようにしましょう。

⑭ zeal [ziːl], zoo [zuː], zed [zed], toes [touz], cause [kɔːz], breeze [briːz]

次は [ʃ] と [ʒ] です。[ʃ] のほうにはあまり問題がありません。「シャ、シュ、ショ」の子音と大きな違いはないからです。問題は [ʒ] です。「ジャ、ジュ、ジョ」の子音は [dʒ] という破擦音で、摩擦音の [ʒ] とは違います。次の単語をよく聴いて、[ʒ] と [dʒ] の聴き分けを身に付けてください。

⑮ ledger [ledʒɚ], leisure [leʒɚ], pleasure [pleʒɚ], pledger [pledʒɚ], visual [viʒuəl], enjoy [indʒɔi], dodger [dɑːdʒɚ], measure [meʒɚ], budget [bʌdʒit], bourgeois [buɚʒwɑː]

[h] についても問題は少ないのですが、[iː] や [i] の前で日本語の「ヒ」の子音（発音記号では [ç]）を使ったり、[uː] や [u] の前で「フ」の子音（前にも出てきた [ɸ]）を使ったりしないよう気をつけましょう。以下の単語を、[çit] ではなく [hit]、[çipiː] ではなく [hipiː]、[ɸuːligən] ではなく [huːligən]、[ɸuː] ではなく [huː]、という点に気をつけて聴き、自分でも練習してみましょう。

CD 20 ⑯ hit [hit], heat [hiːt], hymn [him], heel [hiːl], hippie [hipiː], hooligan [huːligən], hood [hud], who [huː], hoop [huːp], hook [huk]

4. 破擦音の [tʃ, dʒ, tr, dr]

「**破擦音**」というのは、破裂音につづいて摩擦音が発せられる音だと考えていいでしょう。

最初の [tʃ, dʒ] にはほとんど問題がありません。それぞれ「チャ、チュ、チョ」「ジャ、ジュ、ジョ」の子音に非常に近いからです。しいて言えば、英語の場合、出だしが舌先と歯ではなく、舌先と歯茎の内側の出っ張りの奥だという点でしょう。

ただ、[dʒ] の場合、語頭・語末の無声化が非常に強いという点に注意してください。judge [dʒʌdʒ] と church [tʃɚːtʃ] を聴き違えた人がいます。無声化を知らず、また [ʌ] と [ɚː] の区別をおろそかにしていていたからでしょう。次の練習で [dʒ] の無声化を身に付けてください。

CD 20 ⑰ judge [dʒʌdʒ], George [dʒɔɚdʒ], jeep [dʒiːp], huge [hjuːdʒ], jungle [dʒʌŋgl], cage [keidʒ], jersey [dʒɚːziː]

[tr, dr] については、まったく新しい音を学ぶつもりでいてください。まず、舌先が [t, d] の場合よりもずっと口の奥のほうになっています。Lesson 9 の図 2 に示した [r] の影響です。図 3 でその違いを確認しましょう。

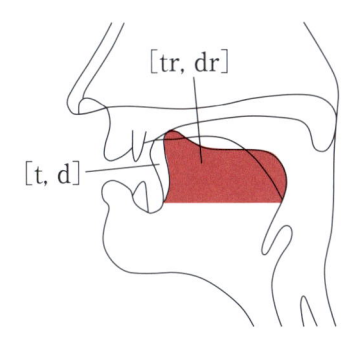

図3

　もう一つの特徴は、[r] が rye, rain などに使われる場合と違って、摩擦音になるということです。[tr] の場合の [r] は無声摩擦音になるわけです。次の単語を練習して、この音に習熟しましょう。[r] が摩擦音であることに注意をひくため、ここでは臨時に色を変えておきます。

⑱　try [traɪ], train [treɪn], tread [tred], trespass [trespæs], treat [triːt], attract [ətrækt], subtract [səbtrækt], mattress [mætrɪs]

⑲　dry [draɪ], drain [dreɪn], dream [driːm], dread [dred], draw [drɔː], address [ædres], adroit [ədrɔɪt]

One Point

　日本語音と「似て非なる」英語音に注意し、しっかり習得してください。また tr-, dr- には学校の英語教育では扱われない特徴があるので、十分注意しましょう。

Lesson 11　CD収録英文一覧

CD 19

① [s:::::] / [z:::::]
② Be quiet!
　 Bill is a nice guy.
　 Hi, Bob!
　 What a good club!
③ Don't be silly!
　 Dick is a nice guy.
　 Stupid! / Splendid!
④ Get moving!
　 Go away!
　 That's not in vogue.
　 He's out of my league.
⑤ It's a robe.
　 It's a road.
　 He's a rogue.
⑥ web page, rub down, job creation, lab test
⑦ good deal, card punch, third base, birdcage
⑧ big game, dogcart, ragtime, big deal

CD 20

⑨ feet, fool, fox, leaf, roof, puff, coffee, effect, refine, refuse
⑩ veal, vet, van, voice, voodoo, view, very, leave, live, cave, curve, nerve, have, resolve, move
⑪ berry, veer, very, beer, curb, conserve, curve, jive, abide, divide, invite, inbreed
⑫ Zen, zebra, then, their, breathe, sees, seethe, tease, breeze, teethe
⑬ zephyr, Brazil, zeal, zoo, rose, zed
⑭ zeal, zoo, zed, toes, cause, breeze
⑮ ledger, leisure, pleasure, pledger, visual, enjoy, dodger, measure, budget, bourgeois
⑯ hit, heat, hymn, heel, hippie, hooligan, hood, who, hoop, hook
⑰ judge, George, jeep, huge, jungle, cage, jersey
⑱ try, train, tread, trespass, treat, attract, subtract, mattress
⑲ dry, drain, dream, dread, draw, address, adroit

Column
if は「もし」？

　　　If I were a bird, I would fly to you.（私が鳥だったらあなたのところに飛んでいくのに）の if は日本語の何にあたるかと聞かれたら、誰でも"決まっているよ。「もし」だよ"と言うでしょう。おそらく英語を外国語として学んだ日本語話者はそのように習っているでしょうし、日本語を外国語として学んだ英語母語話者もそのように学んでいるでしょう。それが証拠に、和英辞典で「もし」を引くと if とだけ書いてあります。英和辞典ではもう少し慎重に "仮定・条件を表して「もし...ならば」" のような記述が見られます。

　　では本当に if =「もし」でしょうか。よく考えてみると、if ≠「もし」と考えたほうがよいように思われます。まず、出だしの例文の和訳には「もし」が使われていませんが、これで立派な和訳になっています。if を日本語に訳すには「もし」はなくてもよいのです。その代わりに「鳥だったら」という「ら」が必要です。逆に「もし私が鳥だった」と「もし」を付けても「ら」を使わないと、意味のない日本語になってしまいます。このことから日本語では「ら」が仮定や条件を表していると考えたほうが理屈に合うことになりますね。そうすると「もし」はむしろ英語の if に対応しているのではなく、by any chance（何らかの偶然で、ひょっとして）のような仮定や条件を修飾する副詞的な要素であると考えたほうがよいということにもなります。

　　そこでもう少し細かく日本語と英語の対応関係を見てみると

　　　<u>If</u> I were a bird　　私が鳥だった<u>ら</u>

のようになっていることになります。ここから、英語で仮定や条件を表す表現は if という単独の語として全体の先頭にあるのに対して、日本語ではそれは「ら」という形をとって全体の最後にあり、かつ動詞の一部になっているということに気づきます。「お金がなければ貸してあげるよ」のように現在形では「ら」ではなく「れば」が使われますが、文末で動詞の一部になっているのは同じですね。同じようなことが否定についてもいえます。

　　次の例のカギ括弧の中を注目してください。

　　　I tried [<u>not</u> to look]　〔見<u>ない</u>〕ようにした

ここでも英語では否定は not という単語として to look の先頭にありますが、日本語では「ない」という形で「見」という動詞にくっついています。

　　どうも日本語では動詞の一部として末尾に現れる要素が、英語では独立の単語として先頭に現れるということがあるように思われませんか？

（外池）

Lesson 12

日本語と少し違う子音のレッスン❸

GOAL ここを理解しよう！

1. 鼻音の [m, n, ŋ]

　warm の m や town の n は、口の中のどこかに閉鎖を作り、空気を鼻から出すので「**鼻音**」と呼ばれます。

　まず、[m] はマ行音の子音と変わりがないので問題はないでしょう。ただ、日本語には m で終わる単語がないため、seem や game などの終わりの [m] の後に余計な母音をつけないよう注意してください。

　[n] も、ナ行音子音とよく似ています。ただナ行音子音が舌先と上の前歯の裏で閉鎖を作るのに対し、[n] では舌先が [t] の場合と同じように上の歯茎の出っぱりの後ろと接触して閉鎖を作るところが違います。一番気をつけなければならないのは、終わりの「ン」です。これは「ご飯」「天」などの終わりだけでなく、英語から入った「チェーン」「チャンス」などにも現れる音で、発音記号では [ɴ] で表されます。日本語の発音では「チェーン」「チャンス」は [tʃeːɴ] [tʃaɴsu] となりますが、このような発音を英語に持ち込むのは禁物です。日本語の [n] では舌は歯にも歯茎にも触りません。

　特に気をつけなければいけないのは、後に母音がくるときです。I mean it. をしてカナで表した「アイ・ミーン・ニット」の「ン」と「ニ」のように、まるで [n] が２つあるような発音でなければいけません。

　次の例は、まず悪い発音を先に出して、その後で正しい発音を示しています。注意して聴いてください。

① A. 悪い発音：[piɴ], [miːɴ], [ai miːɴ it], [iɴ it], [ɑːɴ it]
　 B. 正しい発音：pin [pin], mean [miːn], town [taun], cone [koun], pan [pæn], I mean it. [ai miːn it], on it [ɑːn it], in it [in it], turn out [tɚːn aut], burn up [bɚːn ʌp]

[ŋ] は日本語にあるのですが、次の例のように鼻濁音を使える少数の人（「大学」を [daigaku] ではなく [daiŋaku] と発音できる人）を除くと、なかなかそれに気づかないことが多いようです。

② 大学　大学　／　ウグイス　ウグイス　／　漫画　漫画
　　[daiŋaku]　　　　　[uŋuisu]　　　　　[manŋa]

ここで、[n] と [ŋ] を聴き分ける練習をしましょう。

③　sin [sin] – sing [siŋ],　thin [θin] – thing [θiŋ],
　　gone [gɑːn] – gong [gɑːŋ],　ton [tʌn] – tongue [tʌŋ]

次は語中の [ŋ] の例です。「歌手」の singer を [siŋgə] などと発音しないようにしましょう。

④　singer [siŋɚ], singing [siŋiŋ], swinging [swiŋiŋ], hanger [hæŋɚ], bringing [briŋiŋ]

ただし、-ng- という綴りを持つ単語がすべて [ŋ] だけ発音して [g] は持たない、というわけではありません。以下の語では、いずれも [g] が発音されます。

⑤　finger [fiŋgɚ], linger [liŋgɚ], angle [æŋgl], single [siŋgl], language [læŋgwidʒ], hunger [hʌŋgɚ], anger [æŋgɚ]

long, strong, young の 3 つの形容詞にも気をつけましょう。次の例で聴くとおり、これは原級では [ŋ] で終わりますが、比較級や最上級になると [g] が発音されます。

⑥　long [lɑːŋ] – longer [lɑːŋgɚ] – longest [lɑːŋgist]
　　strong [strɑːŋ] – stronger [strɑːŋgɚ] – strongest [strɑːŋgist]
　　young [jʌŋ] – younger [jʌŋgɚ] – youngest [jʌŋgist]

2. 半母音の [w, j]

　[w] は母音 [uː] に似ているところがあり、[j] は母音 [iː] に似たところがあります。けれども母音はある程度「固定的」であるのに対して、[w, j] は「移行的」なのが特徴です。具体的には後で話しますが、ともかく「半分は母音だが、本当の母音ではない」という意味で [w] と [j] は「**半母音**」と呼ばれます。
　まずは次の例で [w] を聴いてみましょう。

⑦　wet [wet], wheat [wiːt], wait [weit], wag [wæg], walk [wɔːk], where [weɚ], why [wai], what [wʌt], white [wait], whale [weil], wood [wud], wool [wul], woman [wumən], wolf [wulf], woo [wuː], wooed [wuːd], wound [wuːnd], woozy [wuːziː]

　聴いた後は、自分でまねをしてその音を録音し、「お手本」とくらべてみてください。上手にできていますか？　多くの人が、特に wood [wud], wolf [wulf], woo [wuː], wound [wuːnd] など母音が [u] や [uː] の場合に、[w] を落としてしまって [ud], [uːnd] のような発音をしているのではないかと思われます。
　これを直すには、まず唇を極度にすぼめてください。この段階ではこの状態を固定していて構いません。しかし声は出さない（声帯を振動させない）でおきます。といって、息を止めてはいけません。息を止めると声を出す段階になって声門閉鎖音 [ʔ] が生まれてしまうからです。この状態から [u] や [uː] などの母音に移ります。そうすると [wud] や [wuːnd] などの「w ＋母音」の正しい発音が得られます。得られないとすれば、それはせっかくの「おちょぼ口」を母音に移る前に開いてしまうからです。唇のことは意識せずに母音に移ればいいのです。「移行性」が半母音の特徴だ、といった意味はここにあります。
　「仕事」の work とか、「単語」の word などの発音に意外に手こずる人がいます。日本語化した「ワーク」「ワード」などに引きずられるからかもしれません。[w] のための「おちょぼ口」から [ɚː] のための「横に広がった唇」に移るのだと考えれば、そう難しくないはずです。次の例を聴いて練習しましょう。

⑧ work [wɚːk], word [wɚːd], world [wɚːld], worm [wɚːm], worse [wɚːs], worth [wɚːθ], worthy [wɚːði:]

では [j] に話を移します。これは日本語の「イ」や英語の [iː] よりももっと舌を上あごに近づけた音です。日本語に「ヤ、ユ、ヨ」があるため、「ア、ウ、オ」に似た英語母音の前にある [j] については日本人学習者にそれほど困難はないようです。yes [jes], yea [jei] などについては、若者の間ではかなり原音に近い形で取り入れられているようですが、それでも yesterday を「イエスタデー」のように [ie] と発音する人が非常に多いと感じられます。問題なのは、yeast [jiːst] や year [jiɚ] のように後ろに [iː] [i] が続く場合です。これについてはLesson 14で詳しく扱います。

次の⑨の単語でいろいろな母音の前の [j] を練習し、⑩では [j] のあるなしで区別される単語を確認しましょう。

CD 21

⑨　yeast [jiːst], yield [jiːld], yes [jes], yellow [jelou], yak [jæk], yacht [jɑːt], youth [juːθ], yoke [jouk], yard [jɑɚd], yearn [jɚːn]

⑩　yeast [jiːst] − east [iːst],　yield [jiːld] − eeled [iːld],
　　year [jiɚ] − ear [iɚ],　yearn [jɚːn] − earn [ɚːn]

なお、[juː] という音連続についてひとこと言っておきます。イギリス英語では, tune [tjuːn], duty [djuːti] などの発音がありますが、アメリカ英語では tune [tuːn], due [duː], duty [duːɾi], news [nuːz] のように [uː] と発音する人が多数派です。ただし [juː] に先立つ子音が [p, b, f, v, k, g] のときは別で、pew を [puː]、beauty を [buːɾi]、few を [fuː]、view を [vuː]、cue を [kuː]、argue を [ɑːguː] と発音する人はいません。もっとも、deja vu は例外で、イギリス人でさえ [deiʒɑː vuː] と発音します。

もう一つ、英語には [rjuː] という音のつながりは存在しないことを指摘しておきたいと思います。Andrew, Andrews, brew, grew はそれぞれ [ændruː], [ændruːz], [bruː], [gruː] なのです。

One Point

日本語に「あるようなないような」音や、音の結びつきを体得してください。[n] と [ŋ] の区別、woo, wood に代表される「日本語のアに似た母音以外の母音の前」に使われる w, さらに yeast, yes に代表される「日本語のア・ウ・オに似た母音以外の母音の前」に使われる y ([j]) をしっかり身に付けましょう。

Lesson 12　CD収録英文一覧

① A: pin, mean, I mean it., in it, on it
　　B: pin, mean, town, cone, pan, I mean it., on it, in it, turn out, burn up
② 大学　大学／ウグイス　ウグイス／漫画　漫画
③ sin − sing, thin − thing, gone − gong, ton − tongue
④ singer, singing, swinging, hanger, bringing
⑤ finger, linger, angle, single, language, hunger, anger
⑥ long − longer − longest, strong − stronger − strongest, young − younger − youngest
⑦ wet, wheat, wait, wag, walk, where, why, what, white, whale, wood, wool, woman, wolf, woo, wooed, wound, woozy
⑧ work, word, world, worm, worse, worth, worthy
⑨ yeast, yield, yes, yellow, yak, yacht, youth, yoke, yard, yearn
⑩ yeast − east, yield − eeled, year − ear, yearn − earn

Column
「何番目」＝which

　英語の疑問詞は（whither〔いずこへ〕、whence〔いずこより〕などの古めかしい形を除けば）who, what, when, where, why, how, whichくらいです。日本語では「誰」、「何」、「いつ」、「どこ（で）」、「なぜ」、「どうして」、「どの」くらいで、両者ほぼ同じですが、疑問詞の使い方に関して大きな違いがあります。

　「何」とwhatを比較してみましょう。英語のwhatは単独で疑問詞として使うか、what time, what colorのように名詞の前で使うかの二つの用法しかありません。しかし、日本語の「何」は、「何を」のように単独で使ったり、「何時」「何色」のように使うことができるだけでなく、「何本」「何枚」「何個」「何冊」「何件」「何軒」など数を数える表現にも使うことができます。英語ではこれらは全てhow manyで表され、whatを使って聞くことはできません。それでも対応するほぼ同じ表現があるといえばあります。

　しかし、それもないのが表題の「何番目」「何度目」「何冊目」などの順番を問う表現です。これらはどう逆立ちしても英語ではwhatで表すことができないのはおろか、how manyを使っても簡単には表せません。いずれもwhichで聞くしかないのです。「あなたの席は前から何番目ですか」は無理をすればHow many seats are there in front of yours? のようにhow manyを使って周りくどく聞くことはできますが、ここには「何番目」に相当する表現はありません。英語として自然なのはWhich is your seat? （またはWhere is your seat?）ですが、「前から」は落とさなければならず、日本語の「何番目」というきっちりとした質問からすると、隔靴掻痒の感があります。

　疑問文でもう一つ違うのは、日本語では「何の絵を描いた学生が一等賞をもらいましたか」という質問に「富士山です」と答えることができますが、英語ではWhat did the student who (had) painted get the first prize? とは言えません。このような質問は「一等賞をもらった学生は何を描きましたか（What did the student who got the first prize paint?）」のような聞き方をしなければなりません。「左から何番目の絵を描いた学生が一等賞をもらいましたか」を考えて見てください。やはり、which pictureを使うしかありませんね。

（外池）

第二部

英語の「発音・連続音」を攻略するトレーニング

Lesson 13

★★★ LEVEL

紛らわしい子音 (load と road, thick と sick)

ここでの耳練・口練

日本語話者にとって難しい [r] と [l] の区別や、[s] [z] と [θ] [ð]、[f] [h] [hʷ] などの紛らわしい子音の聴き取りと発音を練習します。

CD 22 聴いてみる・声に出して言ってみる！

●印は強勢を示します

1 We have to <u>load</u> the truck before we hit the <u>road</u>.

2 He may be <u>thick</u>, but he's certainly not <u>sick</u>.

3 <u>Where</u> did the <u>fair</u>-<u>haired</u> girl go?

4 You have no <u>right</u> to put out the <u>light</u>.

5 <u>When</u> did you see a <u>hen</u> stuck in the <u>fen</u>?

1) 出発の前にトラックに荷物を積まなければならない。
2) 彼は愚鈍かもしれないが、決して病気じゃない。
3) あの金髪の女の子はどこへ行ったの？
4) 君には灯りを消す権利はない。
5) 沼にはまったメンドリを見たのはいつのことだい？

英語の [r] と [l] が日本語話者にとって難しいのはよく知られているとおりですが、そのほかに [s] [z] と [θ] [ð]、[f] [h] [hʷ] の区別も重要です。最初は意識して発音してみましょう。

CD22 *Native*はこう発音する！

one word レッスン

単語だけを取り出して、違いを聴き分けてみましょう。

1 load [loud]　　road [roud]

2 thick [θik]　　sick [sik]

3 where [hʷeɚ]　　fair [feɚ]　　hair [heɚ]

4 light [lait]　　right [rait]

5 when [hʷen]　　hen [hen]　　fen [fen]

なるほど解説

　[r] と [l] は日本語のラ行と混同されます。2つとも舌先と歯茎とで発音しますが、日本語のラ行は舌先で歯茎を弾くように発音する一瞬の音で、子音だけを続けて発音することはできません。他方、英語の [r] は舌先を歯茎に近づけ、口の奥にむかって反らせてその上の隙間から息を出して発音し、[l] は舌先を歯茎につけて舌の両側（または片側）から息を出して発音します。音色は違いますが、続けて子音を発音できる点では同じです。聴こえる感じからすると [r] はこもった音、[l] は澄んだはっきりとした音です。また [r] は唇を丸めて発音するので、相手の口元を見て判別できます。

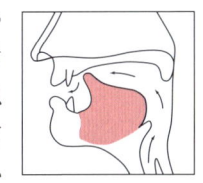

　[θ] と [ð] は上下の歯の間に舌先をそっとあてて発します。聴こえ方は舌っ足らずの「ス」と「ズ」の感じです。会話では、相手の口元を見て歯の間からかすかに舌先がのぞけば [θ] か [ð] です。

　[f] [h] [hʷ] はそれほど難しい区別ではありませんが、[f] を日本語の「フ」で発音する人には、[hʷ] が似て聴こえます。ここでも相手の口元を見て下唇が上の歯にあたっていれば [f]、唇が丸まっていれば [hʷ] です。[hʷ] は [w] として発音される場合もありますが、その場合でも唇の丸めは同じです。

口練 Basic トレーニング

次の例を [r] [l]、[s] [z]、[θ] [ð]、[f] [h] [hʷ] の区別に注意して聴き取り、かつ自分で発音してみましょう。

1 I can't complete the list because I hurt my wrist.

2 Your idea isn't wrong, but the essay is too long.

3 Their clothing store is closing down.

4 Do you think the boat will sink?

5 You hold the paper like this, and then fold it.

6 Ask Harry where the county fair is.

7 Mr. Fitch says there's a hitch in the plan which you made.

8 You shouldn't fight a man of Mr. White's height.

9 The teacher always collects and corrects our papers.

10 It feels good to breathe with this nice breeze.

1) 手首を痛めているからリストを作れない。
2) 君の考えは間違っているわけではないが、そのエッセーは長すぎる。
3) 彼らの洋服店は閉店する。
4) 船は沈むと思いますか？
5) このように紙を持って、そして折るんです。
6) 郡の農産物品評会がどこであるか Harry に聞きなさい。
7) Fitch さんは君が立てた計画には問題があると言っている。
8) White さんほどの背丈の人と喧嘩してはダメだ。
9) 先生はいつも私たちの宿題を集めては、添削します。
10) このすばらしいそよ風があると、息をするのも気持ちがいい。

会話体でAppliedトレーニング

次の対話を、状況と意味を考えながら聴き取りましょう。
聴き取ることができたらA、Bの役を演じてみましょう。

A: Ouch! The wheel of your bike hit my heel.

B: Sorry. The light of my bike doesn't work right.

A: That excuse isn't worth a damn! The pain is getting worse!

A: 痛て！ 君の自転車の車輪が僕のかかとにあたったぞ。
B: ごめんなさい。バイクの灯りがちゃんとつかないの。
A: そんなの言い訳になるか！ だんだん痛みがひどくなってきたぞ！

One Point

日本語の音と似ているけれども、実際は異なる音には注意が必要です。会話では相手の口元をよく見ることが役に立ちます。

Lesson 14

★★★ LEVEL

w や y に母音が続く語（wood, year, wet, yes）

ここでの耳練・口練

　語の最初にくる w と y（発音記号では [j]）に母音が連続するケースを練習します。現代日本語（標準語）では w と y に母音が続くのは「ワ」と「ヤ、ユ、ヨ」に限られています。英語ではそのような制限がないため、日本語専用耳にとって聴き取りづらく、また発音が難しいのです。

CD 24 聴いてみる・声に出して言ってみる！

1 It took several <u>years</u> to detect the difference.

2 It took several <u>ears</u> to detect the difference.

3 Our dogs <u>woofed</u> at the <u>wounded</u> <u>wolf</u>.

4 I <u>wouldn't</u> <u>woo</u> a <u>woman</u> like that.

1）その差に気づくのに数年かかった。
2）その違いを聴き分けるのに何人かの耳が必要だった。
3）うちの犬たちはその傷ついた狼にうなった。
4）僕ならそんな女に言い寄ったりしない。

　英語の子音の中で、聴き取りや発音が難しいもののひとつは r と l、s と th、f などですが、なかでも一番難しく、英語が相当できる人でも間違いやすいのが w と y（発音記号では [w] と [j]）の発音です。

　上記の例文 1 と 2 では、文字で見れば意味の違いは一目瞭然ですが、聴き分けたり、発音し分けるのはなかなか難しいかもしれません。3 と 4 は聴き分けることはできるでしょうが、正しく発音できましたか？

Nativeはこう発音する！

one word レッスン

まず [j] [w] のある語とない語を対比させて聴き、次に自分で発音してみましょう。

1 years [jiɚz]（年）　　　ears [iɚz]（耳）

2 yeast [jiːst]（イースト菌）　　east [iːst]（東）

3 woof [wuːf]（うなり声）　　oof [uːf]（現ナマ）

4 ooh [uː]（アッ）　　woo [wuː]（言い寄る）

5 oolong [uːloŋ]（ウーロン茶）　woolen [wulən]（羊毛の）

なるほど解説

[ji] や [wu] で始まるものを正しく聴き分けることができた人は相当に英語ができる人です。これは現代日本語のほとんどの言葉に、このような子音+母音の連続がないからです。50音のヤ行は「ヤイユエヨ」ですが、実際に [j] があるのは「ヤユヨ」だけで、ワ行で[w] があるのは「ワ」だけです。これはローマ字表記にするとはっきりします。

ヤ	イ	ユ	エ	ヨ	ワ	イ	ウ	エ	オ
ya	i	yu	e	yo	wa	i	u	e	o

このために日本語話者は [i] [e] の前に [j] があっても、[i] [u] [e] [o] の前に [w] があっても、耳に入ってこないのです。さらに [ji] と [wu] が連続すると、難易度はさらに高まります。

[je] の組合せの yes は多くの人が正しく発音していると思っていますが、そのほとんどが [ies] と言っていて、[j] を [i] という母音として発音しています。同様に、wet [wet] や we [wiː] も、[uet] [uiː] のように母音として発音していることも多くあります。

==year は、よく聴くと [i] の母音の前に「きしむような音」が聴こえます。これが [j] です。== wood の [w] は「ワ」の口の形をそのまま息を出せば口笛になるちょっと手前まで唇を丸めて出る音です。[u] を発音しながら、徐々に唇の丸めを強くします。

口練 Basicトレーニング

次の例を語頭の [w] と [j] に注意して聴き取り、かつ自分で発音してみましょう。

1 We'll have a wet winter this year.

2 If you use this yeast, it will yield good whiskey.

3 Some wolves roam in the weeds east of our house.

4 Yes, the road wound into an S-curve until last year.

5 That woman wore a wool outfit last week.

6 Woody wolfed down his steak with Worcester sauce.

7 The wounded dog woofed weakly.

8 That kind of wit is not fit for a woman's ear.

9 Where would you like these wooden woofers?

10 John Woo directed "Windtalkers" some years ago.

1）今年は湿った（降水量の多い）冬になるだろう。
2）このイースト菌を使えば、いいウイスキーができるだろう。
3）数匹の狼がわが家の東側の雑草の中をうろついている。
4）はい、昨年まで道はＳ字型に曲がっていました。
5）あの女の人は先週ウールの上着を着ていた。
6）Woody はステーキにウスターソースをかけて貪り食った。
7）その傷ついた犬は弱々しくうなった。
8）あの種のユーモアは女の人に聴かせるにはふさわしくない。
9）これらの木製のウーハー（スピーカー）はどこに置きましょうか？
10）John Woo は数年前 "Windtalkers" を監督した。

CD 25 会話体でAppliedトレーニング

次の対話を、状況と意味を考えながら聴き取りましょう。
聴き取ることができたらA、Bの役を演じてみましょう。

A: Wow! The wind from the east is wicked. My old war wound is throbbing.

B: Would you like some whiskey? That woman would be glad to bring it.

A: Yes, thanks. And would you hang up this wet wool sweater for me?

A: うわー、東風は厳しいな。戦争の古傷がずきずきする。
B: ウイスキーでも少し飲みますか？ あの女の人が喜んで持ってきてくれますよ。
A: ああ、ありがとう。あと、このぬれたウールのセーターをかけてもらえるかな？

One Point

[j] は「きしむような音」です。[wu] は思い切り唇をとがらせましょう。

Lesson 14 | wやyに母音が続く語

Lesson 15

LEVEL ★★☆

語頭で子音が連続する語 (school, sports, snow)

ここでの耳練・口練

子音連続のなかでも、比較的聴き取りやすく発音もしやすい「s＋子音」の連続を練習します。

CD 26 聴いてみる・声に出して言ってみる！

1　Our school's sports teams don't score enough.

2　We still need to speak to Mrs. Smith.

3　Snoopy loves to play in the snow.

1) わが校のスポーツチームは十分な点が取れない。
2) それでも私たちは Smith 夫人に話をしなければならない。
3) スヌーピーは雪の中で遊ぶのが好きだ。

　語頭の子音連続で聴いて比較的理解しやすいのは「s＋子音」の連続ですが、発音上はsの後に母音 [u] を補わないことが大事です。sは連続して発音できますから、日本語話者の耳には1拍分の長さを持っているように聴こえ、そのため母音を補って「ス」とカタカナ1字分として聴いたり発音したりする傾向があります。

　school は「スクール」ではなく [skuːl]、sports は「スポーツ」ではなく [spɔɚts]、score も「スコアー」ではなく [skɔɚ] と、いずれも単音節語です。sに母音が含まれていないことは、その部分にアクセント（強勢）を置くことができないことからもわかります。たとえば Smith という人名は、日本語では最初の「ス」にアクセントを置いてこれを高い音で読むのが普通ですが、英語では [smíθ] と、「ミ」のところにしかアクセントを置くことができません。

CD 26 *N*ativeはこう発音する!

one word レッスン

　sの後に母音があるものとそうでないものとの違いを聴き取り、声に出して練習してみましょう。なじみのない単語が出てきますが、ここは母音の有無を区別できるかどうかをみるためのトレーニングだと思ってやってみてください。

spur はケヅメ、拍車	**1** Superman（スーパーマン）	spurfowl（インドケヅメシャコ）
	2 suture（縫い線）	stupor（茫然自失の状態）
	3 Suky（Suzanの愛称）	ski（スキー）
	4 soup（スープ）	spoon（スプーン）
	5 soon（すぐに）	Snoopy（スヌーピー）
Sumer は中東の地域名	**6** Sumer（シュメール）	smell（匂い）
souk はイスラム教圏の市場	**7** souk（スーク）	school（学校）
soufflé は菓子名	**8** soufflé（スフレ）	sphinx（スフィンクス）

なるほど解説

　綴りの上で s の後に母音がある左の列の単語はその母音にアクセントを置くことができますが、そのような母音がない右の列の単語では s にはアクセントを置くことができません。

Lesson 15 │ 語頭で子音が連続する語

口練 Basic トレーニング

sの後に母音がないことと、どの位置にアクセントがあるかを注意して次の例を聴き取り、実際に発音してみましょう。

1 That poor sparrow got stuck in the snow.

2 It's spooky to have a spider touch my skin.

3 It would be smart of you to skip some snacks.

4 You ought to stop wearing that style of skirt.

5 The sky is smoggy all over the state today.

6 I get scared when you skate at that speed.

7 He was able to spell "sculpture" smoothly.

8 This is the spot where we saw that small snake.

1) あのかわいそうなすずめは雪の中で動けなくなってしまった。
2) 蜘蛛に肌を触られるのは気味が悪い。
3) ときどきおやつを抜かしたほうが賢明だ。
4) そのスタイルのスカートをはくのはやめるべきだ。
5) 今日は州の空全体にスモッグがかかっている。
6) 君がそんなスピードでスケートするとおっかなくなる。
7) 彼は sculpture という単語をすらすらと綴ることができた。
8) ここであの小さい蛇を見ました。

会話体でAppliedトレーニング

次の対話を、状況と意味を考えながら聴き取りましょう。
聴き取ることができたらA、Bの役を演じてみましょう。

A: Could you stop smoking? It stings my eyes.

B: I don't mean to spoil your stay here, but this is a special smoking area.

A: But I can't stand it. The smell makes me sniffle and sneeze.

A: タバコを吸うのをやめてもらえませんか？　目にしみます。
B: あなたの滞在を台無しにするつもりはありませんが、ここは特別喫煙場所です。
A: でもどうにも我慢ができません。その臭いに鼻がぐずぐずして、くしゃみが出ます。

One Point

日本語のように「ス」と聴こえたときでも、明確に母音があるかどうかを判定することが重要です。通常、sの後に母音があればその位置にアクセントがくることが多いので、それが目安になります。

Lesson 16

LEVEL ★★☆☆☆

語頭の破裂音に r や l が続く語 (play, drive, blue)

ここでの耳練・口練

単語の始まりが子音連続となっている単語、たとえば [p, b, t, d, k, g] などの破裂音の後に、r または l が続く単語の聴き取りと発音を練習します。

CD 28 聴いてみる・声に出して言ってみる！

1 He plays golf better than many pros.
2 Glen has a craving for clams tonight.
3 Cliff was truly grateful for the present.
4 Please don't drive after drinking that brandy.

 1）彼は多くのプロよりゴルフが上手だ。
 2）Glen は今夜はやたらハマグリが食べたい。
 3）Cliff はそのプレゼントをもらって本当に感謝していた。
 4）そのブランデーを飲んだら運転しないでください。

　破裂音の後に r または l が続く「子音連続で始まる単語」は多数あります。特に発音が難しいわけではありませんが、やはり破裂音の後に母音がないことをしっかり確認しておくことが重要です。ただし、tr や dr の連続には注意が必要で、これについては Lesson 35 で取り上げます。
　pro が professional の略であることはよく知られていますが、案外この発音を間違える人が多くいます。「彼はプロだ」は He's a pro. ですが、pro を「プロ」つまり [púro] と発音してはいけません。p の後に母音はないので、そこにはアクセントを置けません。正しくは [próu] です。
　日本語では、drive を「ドライブ」、drink を「ドリンク」、brandy を「ブランデー」と言いますが、英語では子音の後に母音がないので、英語を話すときにこのようなカタカナ英語を逆輸出するのは禁物です。

CD 28 Nativeはこう発音する！

one word レッスン

最初の破裂音と次の r または l の間に、母音がある例とない例を対比してみましょう。聴き比べてみると違いは明白です。実際に発音してみましょう。

1 Pulitzer Prize（ピュリッツァー賞）　　the Plaza Accord（プラザ合意）

2 durian（ドリアン）　　dryer（ドライヤー）

3 coolant（冷却剤）　　client（顧客）

なるほど解説

　r と l は母音的な性質を持っていますから、その前に現れる破裂音は有声であっても無声であっても、後に母音が続くときのように比較的容易に聴き取ることができます。注意すべきことは破裂音からすぐに r や l に移行することです。聴き取りの際にはカタカナ英語的に破裂音の後に母音を期待しないこと、発音の際にはありもしない母音を入れないことが肝要です。

　無声破裂音に r と l が続くときは、r と l が無声化します。聴き取りには特に問題を生じませんが、これが自分でもできるようになるとより英語らしい発音になります。prize, Plaza, client でこれを練習してみましょう。[p] や [k] の後の [r] や [l] を発音するときに、喉仏に指をあてても振動を感じなければ無声化が起こっている証拠です。

　また true や drink のように後に [r] が続くときは、[t] や [d] は舌先を一層奥のほうに向けて発音し、[r] 自体も摩擦音化します。全体としては「チュルー」「チュウー」、「ジュリンク」「ジュウィンク」のように聴こえるので注意しましょう。

口練 Basic トレーニング

次の例で破裂音＋r/l を聴き取り、特に破裂音の後に母音がないことを確認してください。そして聴き取れるようになったら、自分でも大きな声で発音してみましょう。

plaid [plæd]

1 Don't wear the gray blouse with the plaid blazer.

2 I'm proud of our brass band's drummers.

3 Did your class enjoy the train trip?

4 I'm glad that Chris could handle the pressure.

5 He's always bragging about his glamorous profession.

6 My son drew a clown with a blue crayon.

7 Let me treat you to a croissant during our break.

1）そのグレーのブラウスをその格子模様のブレザーと一緒に着ないように。
2）私はうちのブラスバンドのドラム奏者たちのことを誇りに思います。
3）あなたのクラスは列車旅行を楽しみましたか？
4）Chris がそのプレシャーをうまく処理することができてよかった。
5）彼はいつも彼の魅力ある職業を自慢している。
6）私の息子は青のクレヨンで道化の絵を描いた。
7）休み時間にクロワッサンをご馳走しましょう。

会話体でAppliedトレーニング

次の対話を、状況と意味を考えながら聴き取りましょう。
聴き取ることができたらA、Bの役を演じてみましょう。

A: The crowd clapped when Brad hit that triple.

B: Yeah. He must have been pleased by all the praise.

A: I'm so glad everyone could see him make a great play under such pressure.

A: Bradが三塁打を打った時、観衆は拍手をしたね。
B: そうね、彼はあんなに誉めてもらってうれしかったでしょう。
A: 彼があのプレッシャーの下でも立派なプレーをするところを、みんなが見られてうれしいよ。

One Point

「破裂音＋r/l」の発音のコツは、間に母音を入れず、続く母音を意識的にしっかり発音することです。聴き分けのコツは逆に、「破裂音＋r/l」に続く母音に注意することです。また、tr や dr の音の変化にも注意しましょう。

Lesson 17

LEVEL ★★☆

語頭の摩擦音に r や l が続く語 (sleep, fresh, throw)

ここでの耳練・口練

日本語からするとなじみのない音ですが、語頭で無声摩擦音 [f, s, θ] と r/l とが連続する発音を練習します。この場合も [f, s, θ] の聴き分けとともに、その後ろに母音を期待したり発音したりしないことが重要です。

CD 30 聴いてみる・声に出して言ってみる!

1 Bill slipped and fell from the roof.

2 Our plane flew through some frightening weather.

3 I thought you would throw a slow ball.

1) Bill は滑って屋根から落ちた。
2) 私たちの乗った飛行機はかなり荒れた天候の中を飛んだ。
3) 君はスローボールを投げると思ったよ。

　無声摩擦音 [f, s, θ] は語頭で r や l と連続することができて、結果日本語からするとなじみのない音になります。全部で6通りの組合せがあることになりますが、その中で [θl]（thl）の組合せは使われませんし、[sr] の連続も Sri Lanka のようなヒンズー語起源のものしか存在しません。ちなみに、ゴルフ用具、ボールの Srixon は造語です。
　ここでは二つのことが重要です。一つは語頭の摩擦音の中で特に [s] と [θ] の区別が難しく、さらに次に続く r と l の区別も難しいため、その組合せの slow と throw などに注意することです。もう一つはカタカナ英語的に「スリップ」「スロー」のように、ありもしない母音を期待したり、発音したりしないことです。

CD 30 Nativeはこう発音する！

one word レッスン

単純な例で聴き分ける練習をしましょう。[s] と [θ] の違いは後者が「舌足らずの s」のように聴こえることです。

1 frock coat [frɑk] （19世紀に着用された上着）

　　flock master [flɑk] （牧羊主）

slow down ともいう **2** Don't slow up. [slou] （スピードを落とす）

　　Don't throw up. [θrou] （［胃の内容物を］吐く、戻す）

次に、母音が実際にある場合とそうでない場合を対比して聴いてみましょう。なじみのない単語ですが、訓練と思って聴き分けてみましょう。

3 Fulham Palace [fuləm] （フラム宮殿）

　　Flamborough Head [flæmbɚre] （フランバラ岬）

4 furrow slice [fɚːrou] （畑の畦のあげ土）

　　Froude [fruːd] （英国の歴史学者の名前）

5 thorough [θɚːrou] （徹底した）

　　through [θruː] （〜を通じて）

なるほど解説

摩擦音は連続して発音できるので、極端にいえば sslipped, fffrom, ffflew, tttthroughのような発音が可能です。これが日本語話者の耳には摩擦音の後に母音が発音されているように感じられる場合がありますが、もちろんそんなことはありません。

口練 Basicトレーニング

次の例を語頭の無声摩擦音 [f, s, θ] と [r / l] の連続に注意して聴きとり、自分で発音してみましょう。

1 There are some loose threads hanging from your sleeve.

2 It's thrilling to see our flag flapping in the wind.

3 My friend gave me this fresh fruit.

4 The slum was threatened by the flames of the fire.

5 Your slippers are on the floor by the front door.

6 These frogs can thrive even in freezing weather.

7 He frequently sleeps late on Fridays.

8 I found many flaws in Frank's sloppy work.

9 Jim's frustrated, so he threw a flower pot at me!

1）袖から糸くずが出ているよ。
2）私たちの旗が風にはためくのを見るのはわくわくする。
3）友達がこの新鮮な果物をくれた。
4）スラム街に火事の炎が迫っていた。
5）あなたのスリッパは玄関の床にあります。
6）これらのカエルは極寒の気候でもよく繁殖する。
7）彼は金曜日にはよく寝坊をする。
8）Frank のいい加減な仕事にたくさんの不備を見つけた。
9）Jim はイライラしていて、私に花瓶を投げたのよ！

会話体でAppliedトレーニング

次の対話を、状況と意味を考えながら聴き取りましょう。
聴き取ることができたらA、Bの役を演じてみましょう。

A: You know Thrifty Pizza? It's the place with the flat roof on the slope of the hill.

B: Yeah. I hear you slipped on the floor and hurt your throat.

A: That's right. So they sent me three slices of pizza for free!

A: スリフティ・ピッツァって知ってる？ 丘の斜面にある、平らな屋根の建物よ。
B: ウン、君はあそこの床で滑ってのどをケガしたんだってね。
A: そのとおり。だから、ピッツァを3切れタダでくれたのよ。

One Point

[θ]は舌足らずのsのように聴こえます。srやthlという綴りは本来の英語には存在しません。

Lesson 18

★★★ LEVEL

語頭で子音が3つ続く語 (street, spring, script)

ここでの耳練・口練

strike や spring に見られるように、語頭に生じる最も複雑な子音連続の「s＋無声破裂音 [p, t, k]＋r/l」を練習します。

CD 32 聴いてみる・声に出して言ってみる！

1 Somebody splashed paint on the street.

2 She screamed when the sprinkler sprayed water on her.

3 I watched Mr. Scranton stroll across the stream.

1) だれかが通りに塗料を撒き散らした。
2) 彼女はスプリンクラーの水がかかった時に悲鳴をあげた。
3) Scranton さんが川の向こうを散歩するのを私は眺めた。

　　strike は（二重）母音1つを含んでいるので単音節語ですが、日本語ではこれを「ストライク」と5音節で発音します。このように後ろに母音を伴わない子音をたくさん含む語では、カタカナ英語的な発音を期待していてはとてもついていけません。発音の場合も同様です。sの後ろにも p, t, k の後ろにも母音を補わないことが大事です。

Nativeはこう発音する！

one word レッスン

次の単音節語の発音とカタカナ英語とを比較して、その違いを確認しましょう。

1 spring（スプリング）; sprinter（スプリンター）; spray（スプレー）

2 splatter（スプラッター）; split（スプリット）; splash（スプラッシュ）

3 strike（ストライク）; stride（ストライド）; stripe（ストライプ）

4 scramble（スクランブル）; scroll（スクロール）; script（スクリプト）

5 street（ストリート）; strip（ストリップ）; strong（ストロング）

こうして比較すると、英語とカタカナ英語（日本語）の違いは歴然でしょう。

なるほど解説

英語にも日本語にも語頭に子音連続はあることはありますが、その中身は大きく異なっています。ここで見たような英語の語頭の3子音連続は日本語には存在しません。そのため日本語ではすべての子音の後に（主に「ウ」の）母音を補います。逆に日本語では「ャ」で表される[j]が子音に連続するキャ行、ギャ行、シャ行、ジャ行、チャ行、ニャ行、ミャ行、リャ行がありますが、これらは英語ではシャ、ジャ、チャを除いては存在しません。

口練 Basicトレーニング

次の例を語頭の3子音連続に注意して聴き取り、かつ自分で発音してみましょう。存在しない母音を入れてカタカナ英語にならないように注意してください。

1. Have you seen that strange structure on Spring Street?

2. I splurged to buy these splendid strawberries.

3. She suffered a sprained ankle and split lip in the accident.

4. A stray cat scratched the screen door of my house today.

5. That spry old man is struggling with the screwdriver.

6. He's striving to make a strategy to spread the news.

7. This bag features a strong striped strap.

8. The sprinter broke the string at the finish line with his last stride.

1) スプリング通りのあの奇妙な建物を見ましたか？
2) これらのすばらしいイチゴを買うために大枚をはたいた。
3) 彼女はその事故で足首を捻挫し、唇が裂けた。
4) 今日、ノラ猫が私の家の網戸を引っかいた。
5) あの元気な老人はねじ回しと格闘している。
6) 彼はその知らせを広めるために奮闘している。
7) このバッグは強いストライプのストラップが特徴だ。
8) その走者は最後の一歩でゴールのテープを切った。

会話体で*Applied*トレーニング

次の対話を、状況と意味を考えながら聴き取りましょう。
聴き取ることができたらA、Bの役を演じてみましょう。

A：I worked straight through the night, scrambling to get finished. For me, that's the last straw.

B：I know. They're too strict here, and we should strike to reduce our stress.

A：Good idea. I've strained myself to the limits of my strength, but it's still a stretch to scrape together the money for rent.

> A：僕はなんとか仕事を終わらせようと、夜までずっと働いた。僕にとってはそれが忍耐の限界を超えるものだったよ。
> B：わかるわ。ここは厳しすぎるのよ。私たちはストレスを軽減するためにストを打つべきだわ。
> A：それはいい考えだ。僕は力の限界まで頑張ったけれど、家賃を払うお金をなんとかするためにはまだひと頑張り必要なんだ。

One Point
語頭の3子音連続は最後の r と l の聴き分けを除いてはさほど難しくありません。母音を入れずに発音することのほうが重要です。

Lesson 18 | 語頭で子音が3つ続く語

Lesson 19

★★☆
☆☆☆ LEVEL

語頭の子音に w が続く語 (swing, twin, quick)

ここでの耳練・口練

　sweet の sw や twenty の tw など、「子音＋w」の発音を練習します。これも子音の後ろに母音を補って 1 音節のところを 2 音節で発音したり、そのように期待して聴いたりしないことが必要です。

🎧 CD 34 聴いてみる・声に出して言ってみる！

1 Where in Guatemala are you from?

2 Quite appropriately, Shakespeare was called the sweet Swan of Avon.

3 The effect of the medicine dwindles away to nothing in twenty- four hours.

1) グアテマラのどこの出身ですか？
2) 適切なことに、シェークスピアはエイボンの甘美な詩人と呼ばれていました。
3) 薬の効果は徐々になくなり、24時間でまったくなくなります。

> swan「白鳥」は詩人の別称で、Avon は Shakespeare の生地を流れる川

　日本のプロ野球チームの Swallows は、日本語では「スワローズ」と s の後に母音が入ります。国名の Guatemala は英語では母音 u がありますが、発音は [gwɑːtəmɑːlə] です。日本語では「グアテマラ」と綴りどおりか、w を落として「ガテマラ」と発音します。これも現代日本語ではほぼ姿を消した gw の連続を避けるためです。swan や twenty も、やはりカタカナ日本語では「スワン」「トゥエンティ」のように w の前に母音を補って発音されます。

　これらの語頭子音連続は聴き分けにはそれほど困難はないと思われますが、発音する場合はカタカナ和製発音にとらわれずに、聴いたままを素直に発音することが大事です。

🎧CD34 *Native*はこう発音する!

one word レッスン

　カタカナ英語の発音と対比して違いを確認しておきましょう。問題の単語にはアクセントが1つしかないことに注意してください。

1　suite（スイート）; switch（スイッチ）; swing（スイング）

2　baton twirler（バトントワラー）; dwarf（ドゥウオーフ）

3　quick（クイック）; Guam（グアム）; wheel cap（ホイールキャップ）

4　queen（クイーン）; question（クエスチョン）

5　twist（ツイスト）; twin（ツイン）

> dwarf はイギリスなどの民話に出ている小人

なるほど解説

　日本語では [w] は後ろに「ァ」が続く「ワ」としては出てきますが、他の母音の前では現れません。そのため、私たちは [w] を母音「ウ」として発音しがちです。wet が「ウエット」となるのはこのためです。同じことが sweet のように前に s がついている場合も起こるので、「スイート」と発音してしまうのです。[s] から口をとがらせて一気に [wi:] へ持っていくことが大事です。

　もう一つ、twenty, twinkle, quite, question のように **[w] の前に無声破裂音がくると [w] が無声化されます**（これは Lesson 16で見た r と l の無声化と同じ現象です）。そのため「フェ」のような音になります。これが聴き取りのときに混乱を引き起こす原因になる可能性がありますから気をつけねばなりません。また自分でもできるようになるとより英語らしい発音になります。

Lesson 19 | 語頭の子音に w が続く語

口練 Basic トレーニング

次の例を語頭の2子音連続の間に母音がないことに注意して聴き取りましょう。その後で、自分で発音してみます。

1 Quite a few stars begin to twinkle at twilight.

2 Our state's quantity of guava dwarfs that of Guam.

3 When you whisper like that, I can't hear your question.

4 I can't decide whether to switch to suede shoes.

5 This Swiss chocolate is too sweet for me to swallow.

6 Duane kept swatting at the swarm of mosquitoes.

7 Where did Gwyneth get that sweater?

8 He feels queasy because he drank twelve whiskeys.

9 I saw about twenty swans swoop down to the lake.

10 Which brand of wheat bread is of higher quality?

wheat breadは漂白した小麦粉と漂白しない小麦粉の両方を使ったパン

1) 夕暮れ時にかなりの数の星が輝き始める。
2) わが州のグアバの収穫量はグアムよりもはるかに多い。
3) そのように小声で話すと、あなたの質問が聴こえない。
4) スエードの靴に替えるかどうか決められない。
5) このスイスのチョコレートは私には甘すぎて飲み込めない。
6) Duane は蚊の群をはたき続けた。
7) Gwyneth はあのセーターをどこで手に入れたの？
8) 彼はウィスキーを12杯飲んだので吐き気がしている。
9) およそ20羽の白鳥が湖に舞い降りるのを見た。
10) どのブランドのホイートブレッドのほうが質が高いですか？

会話体でAppliedトレーニング

次の対話を、状況と意味を考えながら聴き取りましょう。
聴き取ることができたらA、Bの役を演じてみましょう。

A: Why did Gwen quit such a swell job?

B: She quarreled with that swarthy Swedish client twice, so Mr. Twain fired her.

A: What a shame! I swear we won't find anyone as qualified as Gwen quickly.

A: Gwen はどうしてそんなにすごい仕事を辞めたの？
B: 彼女はあの日焼けしたスイス人顧客と2回口論したの。だから Twain 氏が彼女を首にしたのよ。
A: それはもったいない！ Gwen ほどの力量の人は絶対すぐには見つからないよ。

One Point

子音連続の間に存在しない母音を入れないこと、聴くときにも期待しないことです。

Lesson 19 | 語頭の子音に w が続く語

Lesson 20

★★★ LEVEL

語末で2つの子音が連続する語 (eggs, chips, mix)

ここでの耳練・口練

英語の語末でよく見られる子音連続を取り上げます。まずは最後の子音が s か z のものを見てみましょう。

CD 36 聴いてみる・声に出して言ってみる!

1 Jack's mother keeps tabs on his grades.

2 Tons of bombs were dropped on the city's outskirts.

3 The wreaths had colorful leaves.

4 They serve eggs and things.

1) Jack のお母さんは彼の成績を監視している。
2) その街の郊外に大量（何トンも）の爆弾が投下された。
3) それらのリースにはカラフルな葉がついていた。
4) その店では卵料理などを出している。

　日本語では単語の最後に子音が出てくるのは「ン」で表される音で終わる場合だけですが、英語ではかなり複雑な子音連続が語末にも見られます。特に三人称単数現在の動詞や複数の名詞で「子音＋s/z」が多く出てきます。Jack's, leaves, eggs などの s/z の前に母音を入れないことが重要です。tons, bombs の ns, ms と、grades, outskirts の ds, ts については発音上別の問題がありますが、これについては Lesson 29、30 を参照してください。

130 ［第二部］実践編

CD36 *N*ativeはこう発音する!

one word レッスン

　日本語に入っている語との発音の違いを見ておくことが、カタカナ英語にならないためにも役立ちます。

1　potato chips（ポテトチップス）; pops（ポップス）

2　looks（ルックス）; pancake mix（パンケーキミックス）

3　Thames（テムズ川）; [Sherlock] Holmes（ホームズ）

4　pickles（ピクルス）; NY Yankees（NY ヤンキース）

なるほど解説

　chips の [ps] とチップスの「プス」、looks, mix の [ks] とルックス、ミックスの「クス」は、このような位置で母音を無声化する東京方言の話者の発音とかなり似ているところもあります。しかし、それでも厳密にいうと違っています。[ps] [ks] の場合には [p] [k] に直接 [s] が続きます。それに対して日本語の「プス」「クス」ではそれぞれ [p] [k] の後ろに無声の母音「ウ」が続き、その後に「ス」が発音されています。Thames とテムズもやはり異なっていて、Thames では m の後に母音はありませんが、日本語ではテムズの「ム」には「ウ」という母音があります。

　このように微妙な違いにも配慮して発音することが、カタカナ英語から脱却して英語らしい発音をすることにつながります。

口練 Basic トレーニング

次の例を語末の子音連続に注意して聴き取りましょう。聴き取れたら、自分で発音してみましょう。母音を入れないで発音することにくれぐれも注意です。

1 Our teacher makes many slips of the tongue.

2 This office needs a few more rugs.

3 He sings well but writes the most horrible songs.

4 I have two kings, two jacks, and two fives.

5 Mrs. Ross owns three farms in the area.

6 My brother breathes easier when the Cubs win.

Cubsはシカゴの野球チーム

7 That professor laughs at the myths of the Romans.

1）私たちの先生はよく言い間違いをする。
2）このオフィスにはもう何枚か敷物が必要だ。
3）彼は歌は上手だけれど、作曲は最悪だ。
4）［トランプなどのゲームで］私の持ち札はキング2枚、ジャック2枚、5が2枚だ。
5）Ross 夫人はその地域に3つの農場を所有している。
6）私の兄（弟）はカブスが勝つと安心する。
7）あの教授はローマの神話をバカにしている（冷めた目で見ている）。

会話体でAppliedトレーニング

次の対話を、状況と意味を考えながら聴き取りましょう。
聴き取ることができたらA、Bの役を演じてみましょう。

A: I travel with the kids when the firm gives me a little time off.

B: That must be lots of trouble. The trains are packed with throngs of people.

A: Sometimes the crowds are awful, but my son really likes the trains.

A: 会社がちょっとした休暇をくれると子供たちと旅行をします。
B: それはきっと大変だろう。列車は大勢の人で超満員だから。
A: 混雑は大変なこともあるけれど、息子は列車が大好きなんです。

One Point

余計な母音や解放がないことを正確に聴き取れる耳を持つこと、そしてそのように発音することが大事です。

Lesson 21

★★★ LEVEL

語末で s や z にさらに子音が続く語 (ask, fasten, risen)

ここでの耳練・口練

日本語にはない音で、s/z で始まる語末と語中の2子音連続を見ることにしましょう。日本語話者の耳には s/z の後に母音があるように聴こえるかもしれませんが、それは s/z がある長さを持っているからです。

CD 38 聴いてみる・声に出して言ってみる！

1 Ask your best friend to help you.

2 We found a prism on the top of the desk.

3 Fasten your seat belt and clasp the handle.

4 The sun has risen and it will lessen the cold.

1）親友に助けを求めなさい。
2）私たちはその机の上にプリズムを見つけた。
3）シートベルトをしっかり締めて、ハンドルを握ってください。［遊園地のライドなどの注意書き］
4）太陽が昇ったので、寒さは和らぐでしょう。

　　日本語でも「プリズム」といいますが、英語は [prizm] と発音し母音は [i] 1つなのに対し、日本語は4つ母音を持っています。日本語ではこのように s/z や次の子音の後にも母音を補います。カタカナ英語にしないためには、余計な母音を入れないことが重要です。
　　綴りの上で s と m/n の間に母音字 e や o が入っている場合は注意が必要です。辞書によっては、e や o を [ə] と表してそこに弱い母音があると表記しているものと、たとえば上の lessen の場合には [lesn] と表記し n が母音的に発音されることを示しているものがあります。ここでは、いずれも母音がない発音を扱うこととします。

CD 38 Nativeはこう発音する！

one word レッスン

英語からの借入語ともとの英語の発音の違いを見てみましょう。

1. WASP（ワスプ）; list（リスト）; test（テスト）

   WASP は White Anglo-Saxon Protestant の略

2. disk（ディスク）; desk（デスク）; task（タスク）

3. lesson（レッスン）; raisin（レーズン）; sadism（サディズム）

4. rusk（ラスク）; mask（マスク）

   rusk はパンを二度焼きした菓子

5. bust（バスト）; last（ラスト）; cast（キャスト）

なるほど解説

　s/z の後に子音が続く場合は、語頭であれ語末であれ、s/z そのものが摩擦音である長さを持って発音されるため、日本語話者の耳にはどうしても後ろに「ウ」の音が発音されているように聴こえます。また、すでに見たように日本語には語末の破裂音がないため、やはり母音を補って発音したくなります。

　綴り字 s は後ろに有声子音がくると [z]、無声子音がくると [s] となるのが原則です。これを同化と言います。best では s は後ろの子音 t が無声子音なので無声の [s] と発音され、prism では後ろの子音 m が有声なので有声の [z] と発音されます。また、lessen, lesson, awesome, lonesome で [sn] [sm] の連続が見られるのは、本来は [s] の後に母音があった証拠です。

　awesome, lonesome, prison は辞書では s の後に [ə] を含む表記が主流ですが、この母音を落として発音することもできるので、ここでは [sm] [zn] の例として扱います。言い換えれば [s] [z] の後に「ア」や「ウ」を入れるのはやはりカタカナ英語になります。

口練 Basicトレーニング

次の例を語末の s/z＋子音の連続に注意して聴き取り、その後に発音してみましょう。発音の際には s/z の後ろには母音を入れないことに注意してください。

1 I didn't listen, so I lost the gist of his speech.

2 I heard Ms. Rusk gasp from a spasm of pain.

3 It's awesome when the sunlight glistens on the frost.

4 I must check your chest and waist measurements.

5 I was lonesome when you missed the last lesson.

6 A mist spreads through the chasm at dusk.

7 That wasp is a pest, so let's find its nest.

8 That was the best raisin of the dozen.

9 The guards frisk any guest who visits the prison.

1）聴いていなかったので、彼の演説の要旨がわからなくなった。
2）Rusk さんが痛みの発作であえぐのを聞いた。
3）太陽の光が霜にきらめくとすばらしい。
4）あなたの胸囲と胴囲を調べなければなりません。
5）あなたが前回のレッスンに来なかった時は寂しかった。
6）夕暮れ時にその割れ目を通してもやが広がる。
7）あのスズメバチは害虫だから、巣を見つけよう。
8）あれは1ダースの中で最高のレーズンだった。
9）看守はその刑務所を訪れる人はだれでもボディチェックをする。

会話体でAppliedトレーニング

次の対話を、状況と意味を考えながら聴き取りましょう。
聴き取ることができたらA、Bの役を演じてみましょう。

A: Let's ask Jim West to join the cast. He's a handsome actor.

B: Well, the rest of the cast might resist. West wasn't up to the task in the past.

A: It may be a risk, but I trust him to grasp the part fast!

A: Jim West にキャストに加わるように頼みましょう。彼はハンサムな俳優よ。
B: ウーン、他のキャストが反対するかもしれないよ。West は過去に仕事をちゃんとできなかったから。
A: リスクかもしれないけれど、彼が役をすぐに把握してくれると信じているわ。

One Point

語末のs/z＋子音の連続は聴き取りには特に問題は生じませんが、発音の上では（もともと弱い [ə] があった場合を除いては）母音を補わないことが重要です。語末の子音の後に母音を補わないことも言うまでもありません。

Lesson 22

☆☆ LEVEL
☆☆☆

語末で r や l にさらに子音が続く語 (park, child, short)

ここでの耳練・口練

ここでは part や milk のように母音の後ろに r または l が続き、その後ろに他の子音が続く例を見てみましょう。

CD 40 聴いてみる・声に出して言ってみる！

1　He's not smart, but I'm told he's good at sports.

2　She was thrilled to see the Salzburg Alps.

3　This pork was prepared so well, it melts in my mouth.

4　Elves and dwarves don't like marshes.

1）彼は賢くはないが、スポーツが得意だと聞いている。
2）彼女はザルツブルグ・アルプスを見ることができて興奮した。
3）このポークは上手に料理してあって、口の中で溶ける。
4）エルフとドゥウォーフは沼地が嫌いだ。

母音の後ろに r または l が続きその後ろに他の子音が続く語では、r と l の後ろに母音がこないのでそれ自身は明確に聴こえなくなります。その意味で聴き取りには注意を必要とします。

　r は、アメリカ英語ではその前の母音の発音のときから母音と r が同時に発音されていることに注意します。l は、「ル」のように母音を補い、しかも r でも l でもない日本語のラ行の子音を使わないことが必要です。舌先を歯茎の後ろにあてて「ウ」を発音すればこの音が出ます。舌先を歯茎の後ろにあてるのを省略して「ウ」と発音してもかなり近い音になり、早い発音だと実際「オ」のようになります。

Nativeはこう発音する!

one word レッスン

日本語化した英語のカタカナ発音と英語の音とを聴き分けてみましょう。

1 carp（カーブ）; surf（サーフ）; part（パート）; pork（ポーク）

2 herb（ハーブ）; serve（サーブ）; card（カード）; cyborg（サイボーグ）

3 pulp（パルプ）; elf（エルフ）; cult（カルト）; milk（ミルク）

4 bulb（バルブ）; world（ワールド）

なるほど解説

アメリカ英語では、母音字に r が続くと母音が r がかった音となり、r そのものは明確には聴こえなくなります。したがって r を聴き取るというより、r がかった母音を聴き分けることが必要になります。park は日本語では「パーク」になりますが、ここでは r は完全に無視されています。（ただしイギリス英語では母音を長くするだけで r は完全に落とします。イギリス英語の発音については Lesson 40 を参照してください）

一方、l は次に子音が続くときはそれ自体が母音的な働きをするため、日本語話者の耳には明確な子音としては認識しづらい音になります（これは l で終わる単語の場合も同様）。たとえば self は日本語だと「セルフ」となり l と f の後に「ウ」を補って発音されますが、そのような音を期待するとまったく聴き取れず、また通じなくなります。むしろ語末や子音の前で l が母音的に発音される場合に「ウ」のように聴こえ（これを暗い l と呼びます）、self は「セルフ」ではなく「セウフ」のように聴こえます。

CD 41 口練 Basicトレーニング

次の例で、語末子音連続を聴き取ってみましょう。聴き取りができたら実際に発音してみましょう。

1 He gulps down cold Cola, and then he burps.

2 That jerk with the beard disturbs Barb.

3 That child won the third game of darts.

4 I've heard that sharks are sometimes seen near these ports.

5 Herb's brother is short and bald and has many quirks.

6 It's not my fault that this wild girl flirts with me.

7 Help me find more bolts to build this bookshelf with.

8 Ralph is blessed with good health and has never taken any pills.

Barbは Barbara の愛称

1) 彼は冷たいコーラをがぶ飲みし、そしてげっぷをする。
2) あのあごひげを生やした奴が Barb の気に障る。
3) あの子供がダーツの第3試合に勝った。
4) これらの港の近くで鮫がときどき出るということだ。
5) Herb の兄（弟）は背が低くて、はげていて、変な癖がある。
6) この自由奔放な女の子が僕にちょっかいを出してきても僕の落ち度ではない。
7) この本棚を組み立てるためのボルトをもっと見つけるのを手伝って。
8) Ralph は健康に恵まれ、薬を飲んだことがない。

会話体でAppliedトレーニング

次の対話を、状況と意味を考えながら聴き取りましょう。
聴き取ることができたらA、Bの役を演じてみましょう。

A: We could play cards, or watch birds in the yard today.

B: Let's try that park in the suburbs called Lords Gardens.

A: Good idea! There's a carp pond and an art gallery there, and even a small herd of elk.

elk は sheep や deer と同じように単数でも複数でも同じ形

A: 今日はトランプをするか、庭でバードウォッチングをしてもいいね。
B: Lords Gardens という郊外の公園に行ってみましょうよ。
A: いい考えだ！ 鯉のいる池と美術館があるし、エルクの小さな群れだっているよ。

One Point

　子音の前の r と l は明確には聴こえません。その前の母音に気をつけ、母音の音が r がかっているのが r の場合で、母音の後に「ウ」が聴こえるように感じれば l の場合です（ただし boat, out のように二重母音の場合との区別には注意が必要です）。

Lesson 23

単語と単語を連続して発音する

ここでの耳練・口練

単語がつながって発音される例を、単語が母音か n で終わる場合で見てみましょう。

CD 42 聴いてみる・声に出して言ってみる！

1 You see? → Yousee [juːsiː]（ユーシー）

2 Do I know you? → DoIknowyou [duainouju]（ドゥアイノウユ）

3 When are you leaving? → Whenareyouleaving [hʷenɑɚjuliːviŋ]（ホエナユリービン）

1)（ほら）ね？
2) どこかでお会いしましたか？
3) いつ出発ですか？

活字の上では単語と単語の間には空白（スペース）がありますが、発音の上ではわざと区切らない限り、音のない空白はありません。上の例はそれぞれの単語が母音か n で終わっていて、その意味で日本語と同じ音節構造を持っています。この程度の長さのものであれば一息で発音しますから、途中で切れることはありません。

CD 42 Nativeはこう発音する！

単語がつながる自然な発音と比較しましょう。

1 He may say he saw me. →Hemaysayhesawme
　　　[hiːmeiseihisɔːmi]（ヒーメイ**セ**イヒ**ソ**ーミ）
（彼は僕を見たと言うかもしれません）

2 Mary can be very silly. →Marycanbeverysilly
　　　[meərikənbiverisiliː]（メ**ア**リカンビ**ヴェ**リ**シ**リー）
（Mary は時におっちょこちょいなことをすることもある）

3 Must you be so obstinate? →Mustyoubesoobstinate
　　　[mʌstʃubisouɑbstənət]（**マ**スチュビソウ**ア**ブスタナット）
（そんなに頑固になることはないでしょう？）

4 You should have seen him. →Youshouldhaveseenhim
　　　[juʃudəvsiːnim]（ユ**シュ**ダブ**シ**ーニム）
（彼の様子を見ればよかったのに）

なるほど解説

英語では、書く場合は単語を空白（スペース）で区切って書きますがこれは読みやすさのためであって、単語ごとに区切って発音するという意味ではもちろんありません。分かち書きされていても、実際の発音では一息で発音できる長さのもの（breath group）は、区切り（pause）を入れることは普通ありません。

単語単位で発音するのは、特定の単語を取り上げてその意味や発音を問題にしたり、他の単語と対比する場合（これを引用形と呼びます）ぐらいです。

Lesson 23｜単語と単語を連続して発音する　**143**

口練 Basicトレーニング

次の例はカンマで区切られた部分以外は一息で発音されています。2つの単語のあいだに空白がないことを確かめながら聴き取ってみましょう。それができたら自分で発音してみましょう。

1 The sleepy boys had to lie down on the dirty floor.

2 The slippery road may cause a nasty crash.

3 Let the shy girl play ball with you.

4 Maggie can't grow tomatoes in her tiny garden.

5 Stay there, and I'll come to see you.

6 If we buy two boxes, we get a free one.

7 If you follow Perry, he'll show you the leaky faucet.

8 I get a guilty feeling after I say such things to them.

9 He can't enjoy tennis when he has to study chemistry.

1) 眠くなった男の子たちは汚れた床に横にならなければならなかった。
2) その滑りやすい道路はひどい衝突事故の原因となるかもしれない。
3) その引っ込み思案の女の子をあなたたちのボール遊びに加えてやりなさい。
4) Maggie は彼女の小さい畑ではトマトを育てられない。
5) そこにいなさい、私があなたに会いに行きます。
6) もし2箱買えば、もう1箱がタダになる。
7) Perry について行けば、水漏れしている蛇口に案内してくれます。
8) 彼らにあんなことを言った後は後ろめたい気持ちになる。
9) 化学の勉強をしなければならないときは、彼はテニスを楽しめない。

会話体でAppliedトレーニング

次の対話を、状況と意味を考えながら聴き取りましょう。
聴き取ることができたらA、Bの役を演じてみましょう。

A: We can't carry bottles onto the plane when we fly these days.

B: Really? They won't allow bottles? Where can I throw glass bottles away?

A: Try to relax and don't worry so much. Just lay the bottles on that table.

A: 最近、飛行機に乗るときは機内にビン類を持ち込めないんだよ。
B: ほんとに？　ビンの持ち込みを許さないの？　ガラスビンはどこへ捨てたらいいの？
A: 落ち着いて、そんなに心配しなさんな。あのテーブルの上にビンを置けばいいだけだ。

One Point

英語は、発音するときに単語ごとの「区切れ」は存在しません（意識されません）。したがってできるだけ一息で、強勢が等間隔でくるようにします。

Lesson 24

LEVEL ★★☆

子音で終わる語の聴き取りと発音（pass, jazz）

ここでの耳練・口練

聴き取るのも発音するのも、日本人には意外と難しいとされる「単語が子音で終わる」例を見てみます。

CD 44 聴いてみる・声に出して言ってみる！

1 I'll be very <u>brief</u>. ［ailbiːveribriːf］（アイルビ**ヴェ**リブ**リー**フ）

2 That may be the <u>case</u>. ［ðæʔmeibiːðəkeis］（**ザッ**トメイビザ**ケイ**ス）

3 I'm worried about your <u>health</u>. ［aimwɚridəbautʃuɚhelθ］（アイム**ワ**リーダバウチョ**ヘル**ス）

1)［話などについて］長くはかかりません。
2)［相手の言ったことを受けて］そうかもしれない。
3) あなたの健康が心配です。

　日本語では「ン」で表される音を除いては単語が子音で終わることはありません。それに対して英語では子音で終わる語が圧倒的に多く、これが聴き取りを難しくしている大きな要因です。さらに単語の最後の子音の中でも種類によって聴き取りやすいものとそうでないものがあります。口の中で狭めをつくり、そこで空気の摩擦を作って発せられる摩擦音は、後ろに母音が続かなくても比較的よく聴こえる音です。しかしよく聴こえるからといって、その後ろに母音があると勘違いしないことが大切です。

🎧CD44 *Native*はこう発音する！

文末や区切りの前の子音に注意して聴き取りましょう。

1 He's no thief. [hiːznouθiːf]（**ヒ**ズノ**シー**フ）
（あいつは泥棒なんかじゃない）

2 Thank you, but I'll pass.
[ðæŋkjuːbətailpæːs]（**サン**キュ、バライル**パ**ス）
（ありがとう、でも今度にするよ）

3 Take a deep breath, and count to ten.
[teikədiːpbreθənkauntəten]（**テイ**カ**ディ**ープブ**レ**ス、アン**カ**ウントゥ**テン**）
（深呼吸して、10まで数えなさい）

なるほど解説

　英語の子音の中には p, t, k b, d, g のように、口の外への空気の流れがいったん完全に閉鎖される音があり、これを破裂音（閉鎖音）と呼びます。これに対して s, z, ʃ, ʒ f, v, θ, ð では空気の流れが閉鎖されないかわりに口のどこかに狭い隙間が作られ、その隙間を空気が通り過ぎるときにまるで何かを摩擦するようなが音があり、これを摩擦音と呼びます。強い摩擦のために摩擦音は子音だけ発音されても聴き取りが容易です。ただ、語末の摩擦音の後には母音がないことを確認しましょう。日本語で「そうです」といったときの「す」は東京方言では [s] とほぼ変わらない音になっていますが、日本語話者は [su] と母音を発音しているつもりです（この現象を母音の無声化といいます）。この感覚を英語に持ち込まないことが大事です。

　摩擦音は連続することができます。日本語では「静かにしなさい」という意味で「シー」と言いカタカナでこのように書きます。しかしこれは [ʃiiiiii] ではなく [ʃːːːːː] のように表される音で、摩擦音の連続であり母音は発音されていません。英語では「です」の「す」や、この「シー」の場合のように、摩擦音で終わる語はたくさんあります。

Lesson 24｜子音で終わる語の聴き取りと発音　**147**

口練 Basicトレーニング

次の例を、語末の子音に注意して聴き取りましょう。
聴き取ることができたら、自分で発音してみましょう。

1 Jeff takes Polish lessons.

2 I have to have this tooth pulled.

3 I wish he could surf with Beth.

4 Must you sneeze loudly and cough so much?

5 I have stiff shoulders these days.

6 Trish takes her dogs with her to the park.

7 They love this jazz dance class.

Trishは
Patriciaの愛称

1) Jeffはポーランド語を習っている。
2) この歯を抜いてもらわなきゃいけないんです。
3) 彼がBethとサーフィンに行ってくれれば（私は好きなことができる）。
4) そんなに大きなくしゃみをしたり、何度も咳をしないでくれない（ちょっとは周りのことを考えてよ）？
5) 最近肩がこっている。
6) Trishは飼い犬を公園に連れて行きます。
7) 彼らはこのジャズダンスのクラスをとても気に入っている。

会話体でAppliedトレーニング

次の対話を、状況と意味を考えながら聴き取りましょう。
聴き取ることができたらA、Bの役を演じてみましょう。

Seth, Josh はいずれも男子の名前

A: Where have Seth and Josh gone?

B: They both have English class. Remember?

A: Oh, yes. Those guys have to improve their skills.

A: SethとJoshはどこへ行ったの？
B: 2人とも英語の授業があるんだよ。知ってるだろ？
A: ああ、そうだったわ。彼らはもっと練習しなきゃね。

One Point

語尾の子音は、日本語のように後ろに母音があるわけではないことに注意します。

Lesson 24 | 子音で終わる語の聴き取りと発音

Lesson 25

★★☆ LEVEL

語末の摩擦音と母音がつながる発音

ここでの耳練・口練

語末の摩擦音の次に語頭の母音が続く場合を練習します。

CD 46 聴いてみる・声に出して言ってみる！

次の例では、わざとゆっくりと一語一語区切って発音しています。

1 I'll | live | uptown | with | Andy | next | year.

2 Jazz | always | seems | to chase | away | my blues.

3 Let's | kick | out | those | queer | guys.

4 They | all | jog | in | the | park.

1）来年は Andy と一緒に山の手に住むでしょう。
2）ジャズはいつも私の憂鬱を追い払ってくれるような気がする。
3）あの奇妙な連中を追い出そう。
4）彼らはみんな公園でジョギングする。

　前項の摩擦音の場合と同様、語末の破裂音は次の単語が母音で始まると、それと連続して発音されます。破裂音の聴こえには問題は生じませんが、正しい単語の連続として聴き取る上で問題が生じるのは、摩擦音の場合と同じです。
　上記の例のように発音されれば個々の単語の聴き取りは比較的簡単になりますが、実際にはこのようには発音されることはありません。

CD 46 Nativeはこう発音する！

この程度の長さのものであれば一息で発音できます。区切るとしても1か所です。

1 I'll live uptown with Andy next year.
[aillivʌptawnwiθændinekstjiɚ]
（アイ**リ**ヴァプ**タ**ウンウィ**ザ**ンディネクス**ト イ**ヤー）

2 Jazz always seems to chase away my blues.
[dʒæzɔːlweizsiːmztətʃeisəweimaibluːz]
（ジャ**ゾ**ールウェイズ**シ**ームズタ**チェ**イサ**ウェ**イマイブ**ル**ーズ）

3 Let's kick out those queer guys.
[letskikautðouzkwiɚgaiz]　（レッツキ**カ**ウゾーズ**クィア ガ**イズ）

4 They all jog in the park.
[ðeiɔːldʒaginðəpaɚk]（ゼイ**オ**ールジョギンザ**パ**ーｸ）

なるほど解説

　強調などのためにわざとゆっくりと一語一語区切って発音しない限り、一息で発音できるある程度のつながりは、書かれた場合の単語の間のスペースを無視し連続して発音されます。したがって、音の上ではlive の [v] が live の語末の音であるのか、uptown の語頭の一部でvuptown となっているのかは区別できません。同様に、with の語末の [ð] が with の語末の音であるのか、Andy の語頭の一部でThandy のような名前があるのかは、これだけでは区別できません。このような音の連続の中から live uptown | with Andy という単語の列を聴き取るためには（文法の知識と）語彙力が不可欠です。

Lesson 25 | 語末の摩擦音と母音がつながる発音

口練 Basicトレーニング

次の例を、語末の摩擦音の次に母音が続く部分に注意して聴き取りましょう。聴き取ることができたら、自分で発音してみましょう。

1 Garth almost forgot the loaf of bread.

2 I gave all the fish a lot of food.

3 His breath isn't fresh at the moment.

4 It's not worth our time to fix up this house.

5 He studied English all night for this tough exam.

6 The expensive ice cream is smooth and creamy.

7 They gave up, so you can cross out their names.

8 This is not a safe occasion to laugh at the boss.

1) Garth はそのパンを忘れるところだった。[自分で焼いたパンを友人に持っていく予定であった状況で]
2) 僕はどの魚にも沢山のえさをやった（餓死するわけがない）。
3) 現在彼の息は臭い。[焼き肉を食べてお酒を飲んでいる]
4) この家の修理をするのは時間の無駄だ（建て替えよう）。
5) 彼はこの難しい試験のために徹夜で英語を勉強した。
6) その高級アイスクリームはなめらかでクリーミーだ。
7) 彼らはあきらめたから、名前を削除して構わない。[大会主催者の会話]
8) 今は上司のことを笑っていいときではない（だれかが聞いているかもしれない）。

CD 47 会話体でAppliedトレーニング

次の対話を、状況と意味を考えながら聴き取りましょう。
聴き取ることができたらA、Bの役を演じてみましょう。

A: Can I give our dog a bath in the bathtub?

B: No. You'll mess up the house and use up all the hot water.

A: But I want to wash all this stuff out of her fur.

A: 浴槽を使って犬をお風呂に入れてもいい？
B: ダメよ。家を汚して、お湯を全部使ってしまうから。
A: でも、毛についた汚れを全部洗い落としたいんだ。

One Point

単語は連続して発音されるので、母音の前の音がその母音を含む単語の音とは限りません。

Lesson 26

★★★ LEVEL

語末の聴こえづらい破裂音（soup, work, net）

ここでの耳練・口練

　語末が [p, t, b] や [d, k, g] などの破裂音で終わる語の聴き取りや発音を練習します。日本語では音節構造上、破裂音が語の終わりにくることはありませんが、英語ではしばしばあります。

CD 48 聴いてみる・声に出して言ってみる！

1 Pull the fish up, and put it in this net.
　　[... ʌp...net]（... アップ ... ネット）

2 Jim's sick, so I'm making him some soup.
　　[...sik...suːp]（... シック ... スープ）

3 I'd love to chat, but I have to get back to work.
　　[tʃæt...wɚːk]（... チャット ... ワーク）

　　1）その魚を引き揚げて、この網に入れなさい。[釣りのときの指示]
　　2）Jim はとても具合が悪いので、スープを作ってあげています。
　　3）話をしていたいんだけど、仕事に戻らなければなりません。

　発音するときに口の中で息の流れが完全に止まる音を破裂音といいますが、英語には３つのタイプがあります。上下の唇の間で閉鎖がつくられる p と b、舌と歯茎の間で閉鎖がつくられる t と d、舌と口の奥の天井との間で閉鎖がつくられる k と g です。日本語でもほぼ同じですが、日本語では破裂音が単語の最後にくることは音節構造上ありません。一方、英語では破裂音が単語の最後にくることはしばしばで、この点が日本語と大きく異なるため聴き取りが難しくなっています。

Nativeはこう発音する！

解放されない破裂音の例を聴き、声に出して言ってみましょう。

1. Pull the fish up, and put it in this net.
   [...ʌp˺...net˺]（... アッ ... ネッ）

2. Jim's sick, so I'm making him some soup.
   [...sik˺...suːp˺]（... シッ ... スー）

3. I'd love to chat, but I have to get back to work.
   [tʃæt˺...wɚːk˺]（... チャッ ... ワー）

注：˺の記号は破裂音が解放されないことを示します。

なるほど解説

破裂音には「澄んだ」（無声）破裂音 [p, t, k] と、「濁った」（有声）破裂音 [b, d, g] があり、無声破裂音も有声破裂音も、閉鎖の状態で終わらせることも閉鎖の状態を解放することもできます。これが破裂音の聴き取りをいっそう複雑にしています。まずはもっとも聴き取りやすい解放される無声破裂音から聴き取ってみましょう。閉鎖が解放されると破裂音が聴こえますが、そのときに出る息が破裂音の音色を聴き取りやすくしています。

破裂音は、解放されないときには息が止まっているので何も音が出ていない状態です。実際には単独では聴き分けは不可能です。Pull the fish up. で up を聴き取るためには pull との結びつきという文法語法上の知識と、up という単語はあるけれど ut や uck という単語がないという語彙力を動員する必要があります。

口練 Basicトレーニング

次の例で、解放されていない語末の無声破裂音を聴き分け、自分でも発音してみましょう。

1 We're <u>stuck</u>, so we need some <u>help</u>.

2 Tell her to <u>stop</u>, because she's not doing it <u>right</u>.

3 I talked to <u>Dick</u>, and he says he's going to <u>quit</u>.

4 I can't make it to the <u>top</u>, because the hill is too <u>steep</u>.

5 He went to the <u>shop</u>, because he needed a <u>snack</u>.

6 I'm <u>beat</u>, so I'm going to take a <u>break</u>.

7 It was a short <u>flight</u>, so we enjoyed our <u>trip</u>.

1）行き詰まってしまったから、助けが必要だ。
2）彼女にやめるように言いなさい。やり方が間違っている。
3）Dickと話したら、やめると言っている。
4）僕は頂上までは行けない。丘は急すぎる。
5）彼は軽食が必要だったので、店に行った。
6）くたくただから、ひと休みする。
7）飛行時間が短かったので、旅行は楽しかった。

会話体でAppliedトレーニング

次の対話を、状況と意味を考えながら聴き取りましょう。
聴き取ることができたらA、Bの役を演じてみましょう。

A: Welcome back! How was your trip?

B: Great! We had a smooth flight, and the hotel was first-rate.

A: Oh — the boss just showed up, so let's talk during the break.

A: お帰りなさい！ 旅行はどうだった？
B: よかったよ！ 飛行は順調だったし、ホテルも一流だった。
A: あ、課長がちょうど来たわ。休み時間に話しましょう。

One Point

語末の無声破裂音が解放された場合に日本語話者の耳には [p] は「プ」、[t] は「ツ」、[k] は「ク」のように聴こえるかもしれませんが、厳密には [u] の母音はありません。発音の際に [u] を補わないように注意しましょう。聴き取りには、音声への慣れだけでなく、文脈、文法、語彙の知識もまた欠かせません。

Lesson 27

★★★ LEVEL

語末の聴こえづらい有声破裂音 (dog, club, good)

ここでの耳練・口練

　語末にくる有声破裂音 [b, d, g] を聴いてみましょう。耳で聴く音としては比較的聴き取りやすい音です。発音も練習してみましょう。

CD 50　聴いてみる・声に出して言ってみる！

1　Let's get a cab.　[kæb]（キャブ）

2　I want to buy an iPod.　[aipɑd]（アイパド）

3　He eats like a pig.　[pig]（ピグ）

4　Here comes Bob.　[bɑb]（バブ）

5　His name is Ned.　[ned]（ネド）

1）タクシーに乗りましょう。
2）僕はアイポッドを買いたい。
3）彼は豚みたいに食べる（大食いだ）。
4）ほら Bob が来た。
5）彼の名前は Ned だ。

　語末の有声破裂音 [b, d, g] は閉鎖が解放されると聴こえますが、そのときに出る息が閉鎖音の音色を聴き取りやすくしています。解放された場合は軽く「ア」や「ウ」のような音が後に続くように聴こえますが、これは解放に伴う音で、母音があるわけではありません。

🎧CD50 *Native*はこう発音する！

解放されない場合を聴いてみましょう。それでも声帯が振動しているぶん、聴き分けやすくなっています。

1. Let's get a cab.　[letsgetəkæb̚]（**レ**ッゲタ**キャ**ッ）

2. I want to buy an iPod.
   [aiwɑntəbaiənaipɑd̚]（アイ**ワ**ンタバイアン**ア**イパッ）

3. He eats like a pig.　[hiːiːtslaikəpig̚]（ヒ**イ**ツラアイカ**ピ**ッ）

4. Here comes Bob.　[hiɚkʌmzbɑb̚]（**ヒ**アカムズ**バ**ッ）

5. His name is Ned.　[hizneimizned̚]（ヒズ**ネ**イミズ**ネ**ッ）

なるほど解説

　有声閉鎖音は、解放されない場合には（解放される場合もそうですが）、息が止まっているのに声帯を振動させるという一種矛盾したことをやらなければなりません。そのために、ちょうど唾を飲み込むときのように喉仏を下に下げます。この余分な操作のため、有声閉鎖音の前の母音は無声閉鎖音の前の母音よりも長く発音されます。これには少し訓練が必要ですが、両方の唇を閉じて鼻を自分でつまみ、どこからも息が出ない状態で（猿ぐつわをされているつもりで）なんとか声を出そうとすると、喉仏を下に下げるしかありませんから解放されない [b] がでます。同様に [d] を発音するつもりで完全に口から息が出ないようにして鼻をつまんで声を出そうとすると、解放されない [d] になります。[g] も同じです。

口練 Basicトレーニング

次の例で、語末の解放されない有声閉鎖音を聴き取り、自分でも発音してみましょう。

1 It's okay to keep a bird, but not a dog.

2 She joined a club, and then she found a job.

3 This is covered with mud, so we need a new rug.

4 She started a blog, but it's not very good.

5 Let's catch a cab, because the weather looks bad.

6 If you invite Bob, then I'll invite Greg.

7 I don't mean to brag, but I got the best grade.

8 The room looks drab, because the paint is old.

9 We can't see Deb, since she's behind the flag.

10 He stopped at a pub and drank a mug.

Deb は Deborah の愛称

1）鳥を飼っても構わないが犬はダメだ。［アパートの規則］
2）彼女はクラブに入会したが、その後仕事が見つかった（だからやめた）。
3）これは泥まみれだから、新しいカーペットが必要だ。
4）彼女はブログを始めたけれど、それはあまりよくない。
5）タクシーをつかまえようよ。雲行きがあやしいから。
6）あなたが Bob を呼ぶなら、私は Greg を呼ぼう。［パーティの相談］
7）自慢するつもりはないけれど、私は一番よい成績だった。
8）部屋がくすんで見えるのは、塗装が古いためだ（塗り直せば見違える）。
9）Deb の姿は見えない。彼女は旗の後ろにいるから。［スタジアムなどで］
10）彼はパブに立ち寄ってビールを1杯飲んだ。

CD 51 会話体でAppliedトレーニング

次の対話を、状況と意味を考えながら聴き取りましょう。
聴き取ることができたらA、Bの役を演じてみましょう。

A: I need a ride, so I have to find Doug.

B: Doug's in bed, because he caught a bad cold.

A: That's too bad about Doug, but I need to get to my club.

A:（車で）送ってもらわないといけないから、Doug を見つけなくちゃいけないの。
B: Doug はひどい風邪をひいて寝ているよ。
A: Doug には気の毒だけれど、私はクラブに行かなければならないの。

One Point

　語末破裂音の発音は生唾を飲むようにしてみましょう。聴き分けにはその前の母音の長さが手がかりですが　Let's take this cab/cap with us. のように、語彙、文法、文脈も重要になります。

Lesson 28

語末の破裂音と母音がつながる発音

LEVEL ★★☆

ここでの耳練・口練

　語末破裂音 [p, b, t, d, k, g] が語頭の母音に続く例を聴いてみましょう。破裂音そのものの聴き取りは問題ないはずですが、ここでも字面のスペースにとらわれず、子音と母音が連続することが重要です。

CD 52 聴いてみる・声に出して言ってみる！

1 You'll need your coat in here, so please keep it on.
　[...koutin...kiːpitɑn] （... **コ**ウティン ... **キー**ピタン）

2 Grab a chair, and sit across from me.
　[græbə...sitəkrɑs...] （グ**ラ**バ ... シタク**ロ**ス ...）

3 You should not leak any secrets, big or small.
　[...liːkeni...bigɔɚ...] （... **リー**ケニ ... **ビ**ゴ ...）

---

1) ここではコートが必要になるでしょうから、着たままにしてください。
2) 椅子を持ってきて、私の向かいに座りなさい。
3) 重要性の程度に関わらず、いかなる秘密も漏らしてはいけません。

　語末の破裂音 [p, b, t, d, k, g] そのものの聴き取りは問題ないはずですが、語末の子音と続く語頭の母音が連続することが重要です。字面の上ではスペースがあっても、音声上はカタカナ1文字の音のような連続した1つの音になります。

CD 52 *Native*はこう発音する！

念のため、母音が続かない例と比較しておきましょう。

1 It's cold here, so please keep your coat on.
[...kouldhiɚ...kiːpjuɚ...]（... **コウ**ㇳヒア ... **キー**ピュア）
（ここは寒いから、上着を着たままでどうぞ）

2 Grab that chair, and sit next to me.
[græbðət...sitnekst...]（グ**ラ**ブザット... シㇳ**ネ**クスㇳ...）
（その椅子を持ってきて、私の隣に座りなさい）

3 You should leak no secrets, neither big ones nor small ones.
[...liːknou...bigwʌnznɔɚ...]（... リーク**ノ**ウ ... **ビ**ｸﾞワンズノア ...）
（大きいものでも小さいものでも、秘密を漏らしてはいけません）

なるほど解説

　語末の破裂音に語頭の母音が続く場合は、日本語話者の耳には子音+母音がまとまりをなしているように聴こえるため、その間に語の境界があるととらえづらくなります。また発音の上では、字面上のスペースに惑わされてどうしても語末の子音で1回区切り（そこに存在しない母音を補って）、その上で次の母音に移るという発音をしがちです。

口練 Basic トレーニング

> 語末の子音と語頭の母音がつながって発音されることに注意して次の例文を聴き取り、かつ発音練習をしてみましょう。

1 I have to drop off these baked artichokes.

2 Check out this great article before you log off.

3 He's a bad apple who gives our company a black eye.

4 Crude oil prices have shot up again.

5 He'll bite into a sandwich the minute the pub opens.

6 She moved back east to get over her illness.

7 Peg and Henry broke up because he drank a lot.

8 It was a good idea to visit a remote island.

9 You'd better back up, because this is a dead end.

10 The Arctic Ocean used to be covered with thick ice.

1) この焼いたアーティチョークを配達しなければなりません。
2) ログオフする前に、このすばらしい記事に目を通しなさい。
3) 彼はわが社の信用を落とす信頼できない人間だ。
4) 原油価格が再び高騰している。
5) パブが開店したら彼はすぐにサンドイッチにかぶりつくだろう。
6) 彼女は病気療養のために東部に戻った。
7) Peg と Henry は別れたが、それは彼が大酒飲みだったからだ。
8) 離島を訪れるのはいい考えだった。
9) バックしなきゃダメだ。ここは行き止まりだから。
10) 北極海はかつては厚い氷に覆われていた。

会話体でAppliedトレーニング

次の対話を、状況と意味を考えながら聴き取りましょう。
聴き取ることができたらA、Bの役を演じてみましょう。

A: Before I hand in this hard assignment, will you look it over?

B: Okay. Hmm … You picked out a bad example here. You should take it out.

A: But, if I cut out that part, I'll have to put off handing it in.

A：私がこの難しい課題を提出する前に、目を通してくれる？
B：いいよ。ウーン、ここでは悪い例を選んだね。これは外すべきだ。
A：でも、その部分を削除したら、提出を延期しなければならないわ。

One Point

語末の子音と語頭の母音をカタカナ1文字の音のように発音しましょう。聴き取りの際はこの逆で、カタカナ1文字のように聴こえてもその間に語の境界があることが多いので注意が必要です。

Lesson 29

★★★ LEVEL

語末で聴き分けづらい「ン」の音 (can, team, song)

ここでの耳練・口練

clean や warm のように、語末が子音の n や m で終わる音の聴き分けや発音を練習します。単語の最後なので、n と m は聴き分けづらいものの一つです。

CD 54 聴いてみる・声に出して言ってみる！

1 <u>Sam</u> can <u>sing</u> quite well.
 [sæm]　　　 [siŋ]

2 <u>I'm</u> not <u>going</u> to <u>clean</u> up this mess.
 [aim]　　 [gouiŋ]　 [kliːn]

3 I will <u>bring</u> <u>Brian</u> <u>something</u> <u>warm</u> to wear.
 [briŋ] [braiən] [sʌmθiŋ] [wɔɚm]

1) Sam はとても上手に歌うことができる。
2) 僕はこんなに散らかっているのを片付けないよ。
3) 私は Brian に何か暖かい衣類を持ってきましょう。

　日本語の語末の「ン」は実際には4種類の発音があります。①「昨晩（サクバン）」のように声門で閉鎖を伴う音で語末では [N] として発音されるもの ②「今般（コンパン）」や「今晩（コンバン）」のように [p/b] の前では [m] として発音されるもの ③「今度（コンド）」や「干拓（カンタク）」のように [t/d] の前では [n] として発音されるもの ④「今回（コンカイ）」や「損害（ソンガイ）」のように [k/g] の前では鼻濁音 [ŋ] として発音されるものです。これは非常に規則的な現象ですが、日本語話者は同じ「ン」の文字が異なって発音されていることに気づいていません。

CD 54 *Native*はこう発音する！

比較的難しい文末での聴き分けをやってみましょう。

Dan は Daniel、
Pam は Pamela
の愛称

1 Hi, <u>Pam</u>. This is <u>Dan</u>. How's it <u>going</u>?
　　　　[pæm]　　　　　[dæn]　　　　　　[gouiŋ]

（やあ、Pam。Dan だ。どう？）

2 <u>Calm</u> <u>down</u>. Finish your <u>song</u>. You have enough <u>time</u>.
　　　[kɑːm][daun]　　　　　　[sɔːŋ]　　　　　　　　　[taim]

（落ち着きなさい。歌を歌い終えなさい。時間は十分あるから）

3 Let's get <u>going</u>. We must get there before <u>dawn</u>.
　　　　　　　[gouiŋ]　　　　　　　　　　　　　　[dɔːn]

（行きましょう。朝までにそこに着かなければなりません）

なるほど解説

　日本語ではこれらの音を入れ替えても単語が違った意味になることはありません。「今晩は」を [konbanwa] と発音しても、意味は理解されます。一方英語では [m] [n] [ŋ] は基本的には異なる音で、入れ替えると意味も異なるので聴き取りにも発音にも注意が必要です。英語では語末には日本語の [ɴ] は使われません。

　ing は通常語末では [iŋ] と発音され、sing は [siŋ]、 strong は [strɑːŋ] と発音され、語末の綴り字 g は発音されません。この後に -er がつくと sing は singer [siŋɚ] となりますが、strong は比較級の stronger [strɑːŋɚ] となり g が残ります。singer の g を残して [siŋɡɚ] と発音しても誤解は生じませんが、英語としてはちょっと違う発音になります。

Lesson 29 ｜ 語末で聴き分けづらい「ン」の音　**167**

口練 Basicトレーニング

次の例で [m, n, ŋ] の違いを聴き取ってみましょう。それができたら実際に発音してみましょう。

1 If <u>Tom</u> and <u>Sam</u> <u>bring</u> <u>bacon</u>, I'll <u>inform</u> the <u>team</u>.

2 I can't <u>imagine</u> how <u>Jim</u> will <u>explain</u> this <u>broken</u> <u>drum</u>.

3 How <u>can</u> you <u>remain</u> <u>calm</u> at a <u>time</u> like this?

4 A <u>surprising</u> <u>thing</u> is <u>occurring</u> in the <u>dining</u> <u>room</u> now.

5 <u>When</u> will you <u>learn</u> not to <u>complain</u> about the <u>long</u> hours?

6 I'd go <u>insane</u> if <u>Susan</u> were to <u>return</u> my <u>ring</u>.

7 We need a <u>strong</u> and <u>outgoing</u> <u>person</u> for this <u>position</u>.

8 The <u>wooden</u> crates <u>contain</u> <u>rotten</u> fruit.

9 Let's <u>confirm</u> that the <u>ram</u> is <u>tame</u> before we <u>open</u> the <u>pen</u>.

10 <u>Even</u> his <u>outstanding</u> <u>brain</u> couldn't solve the <u>problem</u>.

1) もし Tom と Sam がベーコンを持ってくるなら、チームにそのことを言っておきます。
2) Jim は一体このドラムが壊れたことをどう説明するんだろう、想像もつかない。
3) こんなときにどうして落ち着いていられるの？
4) いま食堂で驚くべきことが起こっているよ。
5) いつになったら長い労働時間について文句を言わなくなるんだい？
6) Susan が僕の指輪を返す（婚約を解消する）なんてことになったら気が狂うだろう。
7) この役職には強くて外向的な人が必要だ。
8) その木のクレートには腐った果物が入っている。
9) 檻を開ける前にその雄ヒツジが人になれていることを確かめようよ。
10) 彼の優れた頭脳をもってしてもこの問題を解くことができなかった。

会話体でAppliedトレーニング

次の対話を、状況と意味を考えながら聴き取りましょう。
聴き取ることができたらA、Bの役を演じてみましょう。

A: I ran into the captain of the ping-pong team this afternoon.

B: She's been looking for women to join them. Did she happen to ask you to become a member?

A: Yes, and I'll begin training with them as soon as I can.

A: 今日の午後、ピンポンチームのキャプテンにばったり会ったの。
B: 彼女はチームに加わってくれる女の人を探していたけど、ひょっとすると
　 メンバーになるように頼まれなかった？
A: ええ、そしてできるだけ早くチームと練習を始めることにしたの。

One Point

日本語の語末の「ン」は語末では通常 [N] 1音ですが、英語では [m, n, ŋ] の区別があり、これを意識して聴いたり発音したりすることが必要です。

Lesson 30

★★★ LEVEL

語末で聴き分けづらい音 (cards と cars)

ここでの耳練・口練

cards, cars, college, collage などの日本語のザ行ジャ行と、紛らわしい語末の音の聴き分けを見ます。

🎧 CD 56 聴いてみる・声に出して言ってみる!

1 These <u>beds</u> come with <u>beige</u> pillows.
　　　　[bedz]　　　　　　　[beiʒ]

Ed は Edward の愛称

2 <u>Ed's</u> <u>collage</u> has many bold <u>colors</u>.
　　[edz] [kəlɑːʒ]　　　　　　　　[kʌlɚz]

3 The <u>judge</u> has a lot of <u>courage</u>.
　　　　[dʒʌdʒ]　　　　　　　[kɚːridʒ]

1) これらのベッドにはベージュの枕がついています。
2) Ed のコラージュにはたくさんの大胆な色が使われている。
3) その裁判官は大変勇気がある。

　日本語では語頭のザ行音を [z] ではなくて [dz] で発音するため、zoo などの発音に注意が必要であることは Lesson 12 で見たとおりですが、語末ではその逆の現象も見られます。英語では語末で [dz] と [z] を区別しますが、日本語はそのような語末で終わることがないので、[z] を主に使って [dz] との区別ができないことがあります。
　上記の例では、語彙と文法の知識があれば聴き取りにはそれほど問題はないかもしれません。しかし語彙や文法だけでは区別できない場合もあります。

🅲🅳 56 *Native*はこう発音する!

次の例で [z] [dʒ] [ʒ] を聴き分けてみましょう。

1 I want to buy some cards.（何枚かのカードを買いたい）
   [kɑɚdz]

   I want to buy some cars.（何台かの車を買いたい）
   [kɑɚz]

2 I need some boards.（板が何枚か必要だ）
   [bɔɚdz]

   I need some boars.（猪が何頭か必要だ）
   [bɔɚz]

3 This collage is boring.（このコラージュはつまらない）
   [kəlɑːʒ]

   This college is boring.（この大学はつまらない）
   [kɑlidʒ]

なるほど解説

[dz] の連続と [z] は日本語話者の耳にはいずれも「ズ」と聴こえますが、発音のされ方が違います。**[dz] ではいったん [d] で閉鎖があってそれが [z] として解放されますが、[z] はそのような閉鎖がないので、[dz] のほうがつまって聴こえます。** 発音仕分けるコツは、[dz] は [d] を発音するつもりで歯茎に舌先をあてて息が止まった状態から一気に [z] を発音し、[z] は摩擦音ですから [z:::::] とつなげて発音します。大した違いはないようですが、上の例のように「カード」と「車」、「板」と「猪」の区別は [dz] と [z] の区別だけで成り立っていますから、とんだ誤解を生みかねません。

[ʒ] は [ʃ] の有声版ですが、[ʃ] と違って語中か外来語の語末（rouge, luge）に見られます。日本語話者の耳には [ʒ] と [dʒ] が紛らわしいものですが、やはり意味の差を生じますから注意が必要です。上の例のほかにも次のような例に気をつけてください。seize [siːz]「つかむ」、seizure [siːʒɚ]「つかむこと」、siege [siːdʒ]「包囲」。

Lesson 30 ｜ 語末で聴き分けづらい音

口練 Basic トレーニング

次の例を、[z, dz, dʒ, ʒ] の違いに注意して聴き取りましょう。聴き取ることができたら、発音してみましょう。

lugeはリュージュ
（ソリ競技の名前）

1 The Swedes won gold and bronze medals in the luge.

2 Sabotage was not the cause of the food poisoning.

entourageは
取り巻き

3 The star's wild entourage inspired hatred.

4 I spend all my weekends with my friends.

5 The massage made my hands feel good.

6 The village was under siege.

7 Please leave a message after the beep.

1）リュージュではスウェーデン勢が金メダルと銅メダルを獲得した。
2）破壊行為が食中毒の原因ではなかった。
3）そのスターの粗野な取り巻きは嫌悪感をかきたてた。
4）私はすべての週末を友人たちと過ごす。
5）マッサージで（両）手が気持ちよくなった。
6）その村は包囲攻撃を受けていた。
7）ピーという音の後にメッセージを残してください。

CD 57 会話体でAppliedトレーニング

次の対話を、状況と意味を考えながら聴き取りましょう。
聴き取ることができたらA、Bの役を演じてみましょう。

A : <u>Todd's</u> wedding was held in his <u>bride's</u> <u>sister's</u> yard.

B : That <u>sounds</u> nice. Did Todd and <u>Liz</u> decide to go to Thailand?

A : Yeah. They decided to stay in a <u>cottage</u> on a small island. We said bon <u>voyage</u> to them at Dulles Airport.

A : Tod の結婚式は彼の花嫁の姉（妹）の家の庭であったのよ。
B : それはいいね。Tod と Liz はタイに行くことにしたの？
A : ええ、小さな島のコテージに泊まることにしたみたい。ダレス空港で彼らを見送ったの。

One Point

[dz] はつまる「ズ」、[ʒ] は柔らかい「ジュ」、[dʒ] はつまる「ジ」という感じです。

Lesson 30 | 語末で聴き分けづらい音

Lesson 31

★★★ LEVEL

語末で聴き分けづらい鼻音の「ン」（fan, bring, come）

ここでの耳練・口練

Lesson 29で見たように、日本語の唯一の語末子音は「ン」[N] ですが、英語には [m] [n] [ŋ] の3種があります。ここでは次に母音がくるときの練習をしてみましょう。

CD 58 聴いてみる・声に出して言ってみる！

まずは単語ごとに区切った発音で聴いてみましょう。

1 I'm a big fan of yours.

2 When are you going to bring us those pictures?

3 Everything is going according to plan.

4 A plan is under way to build a dam in this area.

5 Sing a song when you are feeling down.

1) 私はあなたの大ファンです。
2) いつそれらの絵（写真）を持ってきてくれるのですか？
3) すべて計画どおりに進んでいます。
4) この地域にダムを造る計画が進行中だ。
5) 落ちこんだときには歌を唄いなさい。

単語ごとに区切って発音することは、英語では通常しません。日本語話者にはこのほうが聴きやすいと感じられるでしょうが、英語としては極めて不自然です。

CD 58　*N*ativeはこう発音する!

実際には、単語の間のスペースを無視し全体を続けて、次のように発音されます。

1　I'm a big fan of yours.　[aimə...fænəv...]

2　When are you going to bring us those pictures?
　　　　　　　　　　　　　　　　　　　[wenɑɚ...briŋəs...]

3　Everything is going according to plan.
　　　　　　　　　　　　　　　　[evriθiŋiz ...gouiŋəkɔɚdiŋ...]

4　A plan is under way to build a dam in this area.
　　　　　　　　　　　　　　　　　　　[...plæniz...dæmin..]

5　Sing a song when you are feeling down.　[siŋə...]

なるほど解説

　I'm a が「アイムア」ではなく「アイマ」[aimə]、fan of も「ファンオブ」ではなく「ファナブ」[fænəv] などのように、次に続く母音と一緒に発音されます。特に注意が必要なのは bring us, Everything is, going according の連続です。bring, everything, going の ing の部分は「イング」ではなく [iŋ] であって、綴りで見られる [g] は発音されません。したがって bring us は「ブリグアス」でもなければ「ブリンガス」でもなく [briŋəs] です。この [ŋə] の部分は日本語では鼻濁音と呼ばれる音で、鼻にかかった [g] の音です。

口練 Basic トレーニング

次の例を聴き取って、語末の鼻音＋語頭の母音の連続に注意して発音してみましょう。

1 Don't tell him anything interesting.

2 Please join us and sing along with us.

3 Sam and Jen are planning a party.

4 Only a strong umbrella can endure this storm.

5 Even a fool can understand this plain answer.

6 Tim asked me why we hang around with those guys.

7 You've been away from our hometown for some eight years.

1）彼には面白いことは何も教えるな。
2）私たちに加わって一緒に歌ってください。
3）Sam と Jen はパーティーを計画している。
4）強い傘しかこの嵐に耐えられないだろう。
5）愚か者でもこの簡単な答えはわかる。
6）Tim はどうして私たちがあいつらと仲良くしているのかと私に尋ねた。
7）あなたは私たちの郷里を 8 年ほど離れている。

会話体でAppliedトレーニング

次の対話を、状況と意味を考えながら聴き取りましょう。
聴き取ることができたらA、Bの役を演じてみましょう。

A: I hear you came along on karaoke night with Tom and Jim.

B: Yeah. I sang a song about a man in love, and everyone applauded.

A: Jim already told us that you won a lot of fans.

A: カラオケをした夜にTomとJimと一緒に来たんだってね。
B: そうだよ。恋をしている男の歌を歌ったら、みんなが拍手をしたよ。
A: あなたにはたくさんのファンができたって、すでにJimから聞いているわ。

One Point

他の語末子音と同じように、語末の [m] [n] [ŋ] は次の単語が母音で始まる場合はその母音とつなげて発音されます。

Lesson 32

★★★ LEVEL

子音が語にまたがって連続する場合の発音

ここでの耳練・口練

前の単語が子音で終わり、続く単語が子音で始まる場合の聴き取りと発音を見てみましょう。英語ではかなり複雑な子音の連続もあります。

CD 60 聴いてみる・声に出して言ってみる！

まずは区切って発音したものを聴いてみましょう。これは、英語としては非常に不自然な言い方（発音）の例です。

1 We have to stop talking and start getting results.

2 Barb likes the big tray you gave her.

3 That black bird is in our rhubarb patch again.

1) 黙って結果を出さないとダメだ。
2) Barb はあなたがあげた大きなトレイを気に入っている。
3) あの黒い鳥がまた私たちのルバーブ畑にいる。

　文字で表わすと単語間にはスペースがありますが、発音上は、一息で発音される場合はスペースが存在しない（連続する）ということをこれまでも述べました。これは前の単語が子音（連続）で終わり、次の単語が子音（連続）で始まる場合も同様です。そのため単語の中では生じ得ないようなかなり複雑な子音の連続も出てきます。このような子音連続は日本語にはごく限られた場合を除いては起こりませんから、間に母音を補って聴き取ろうとしないことです。発音する場合も同じです。

🎧CD 60 *N*ativeはこう発音する!

今度は区切らずに連続して発音したものを聴いてみましょう。これが自然な英語です。

1 We have to stop talking and start getting results.

2 Barb likes the big tray you gave her.

3 That black bird is in our rhubarb patch again.

🔴なるほど解説

このように子音で終わる単語に子音で始まる単語が続くと、Barb likes の場合のように、[bl] という単語の中にでもありうる連続 (Cf. black) が生じることもあります。しかし stop talking の場合には [pt]、start getting の場合には [tg]、big tray の場合には [gtr]、black bird の場合には [kb]、そして rhubarb patch の場合には [bp] という、語頭では生じない連続も生じます。また、たとえば first strike の場合に [ststr] という5つの子音が連続するように、もっと複雑なものもあります。

口練 Basic トレーニング

次の例を、語にまたがる子音連続に注意して聴き取り、自分で発音してみましょう。

1 It's that brick building beside the steak restaurant.

2 You can see that bright star even at dusk.

3 My kid built a sand castle at the east beach.

4 Karen's job search has finally borne good fruit.

5 The lab sent the doctor the result of your blood test.

6 My mother's hip bone is in bad condition.

7 That bright pink scarf goes well with your red jacket.

1）ステーキレストランの隣のレンガの建物だよ。
2）夕暮れ時でもあの明るい星は見ることができる。
3）私の子供はイーストビーチで砂の城を作った。
4）Karen の職探しはようやく実を結んだ。
5）研究所は医者にあなたの血液検査の結果を送った。
6）母の骨盤の状態が悪い。
7）その鮮やかなピンクのスカーフはあなたの赤いジャケットによく合う。

会話体でAppliedトレーニング

次の対話を、状況と意味を考えながら聴き取りましょう。
聴き取ることができたらA、Bの役を演じてみましょう。

A: Did you pack plenty of bug spray in the big bag?

B: I already did that. The tent poles and thick blankets have been put there, too.

A: Good job! Now let's drop by the food store for some hot dogs.

A: 大きなバッグに十分な虫除け（殺虫）スプレーを詰めた？
B: それはもうやったよ。テントの支柱と厚手の毛布も同じところに入れたよ。
A: 上出来！　じゃあ食料品店に立ち寄ってホットドッグ用のソーセージを買いましょう。

One Point

語をまたぐ子音連続に惑わされないためには、語頭にあり得る可能な子音連続の知識と、語彙の知識（さらには文法の知識）を駆使する必要があります。

Lesson 33

★★★ LEVEL

意外と聴き取りやすい複雑な子音連続 (best friend)

ここでの耳練・口練

単語の終わりに子音の連続があり、続く語の冒頭にも子音の連続があると、かなり複雑な子音連続になります。その例を見てみましょう。

CD 62 聴いてみる・声に出して言ってみる！

まずは単語ごとに区切った発音を聴いてみましょう。もうそれぞれの単語を聴き分けることには問題ないはずですね。

1 My best friend had his heart broken last Friday.

2 Herb placed the old printer by the document shredder.

3 The Holt brothers bought houses on First Street.

1）先週の金曜日に私の親友が失恋した。
2）Herb は古いプリンターを書類用のシュレッダーの横に置いた。
3）Holt 兄弟はファースト・ストリートに（複数の）家を買った。

　単語間のスペースが、発音上は通常無視されることはすでに見たとおりです。そうすると、語末の子音連続と語頭の子音連続が重なり複雑な長い連続ができます。この場合、どこまでが最初の単語の終わりで、どこからが次の単語の始まりかを判定しなければなりませんが、多くの場合は語頭、語末のあり得る子音連続についての知識が役に立ちます。
　英語専用耳を持った人たちは無意識のうちにあり得る語頭の子音連続、語末の子音連続の知識を用いています。英語を母語としない私たちもそのような感覚を身に付けていけば、自然とできるようになります。

🎧 CD 62 *Native*はこう発音する!

次に、連続して発音したものを聴いてみましょう。

1　My be**st fr**iend had his hea**rt br**oken la**st Fr**iday.

2　He**rb p**laced the o**ld p**rinter by the documen**t shr**edder.

3　The Ho**lt br**others bought houses on Fir**st Str**eet.

なるほど解説

　意外と問題なく聴き取ることができたのではないでしょうか? そうでもなかった人は、少し前に戻ってもう一度復習してみてください。

　かなり複雑な子音の連続があるにもかかわらず、なぜそれほど難しいと感じないのでしょうか? それは単語の音節構造についての知識に助けられているためだと考えられます。たとえば 1 の例には [stfr] [rtbr] [stfr] という 4 つの子音連続がありますが、どれも st + fr、rt + br、st + fr のように分ければ、それぞれ語末の子音連続+語頭の子音連続のつながりであると判定できます。

　しかしこれ以外の切り方をすると、あり得ない語頭または語末の子音連続ができてしまいます。たとえば s + tfr と分けると、tfr という語頭子音があることになりますが、このような語頭子音連続は英語にはありません。stf + r と分けると、stf という語末子音連続があることになりますが、これも実際にはありません。他の 2 つもまったく同様です。==聴き取りが一見難しそうな複雑な子音連続では、区切り方はだいたい 1 通りしかありません。==

口練 Basicトレーニング

次の例を聴き、語にまたがる複雑な子音連続に注意して発音してみましょう。

1 I'll spend three months driving around Spain next spring.

2 Those film stars play violent criminals in the new hit.

3 Consonant clusters are a complex pronunciation point.

4 The important client appeared frightened by the stern questions.

5 I found twelve French stamps in the desk drawer.

6 A pleasant program on TV explained strange trends.

7 I couldn't help screaming when the storm broke out.

1) 来春3か月間スペインをドライブ旅行するつもりです。
2) これらの映画俳優はその新しいヒット作で乱暴な犯罪者を演じている。
3) 子音連続は複雑な発音のポイントだ。
4) その大事な顧客は容赦ない質問におびえていた。
5) その机の引き出しの中に12枚のフランスの切手を見つけた。
6) テレビの楽しい番組で奇妙な流行（傾向）を説明していた。
7) 嵐が突然起こった時、叫ばずにはいられなかった。

CD 63 会話体でAppliedトレーニング

次の対話を、状況と意味を考えながら聴き取りましょう。
聴き取ることができたらA、Bの役を演じてみましょう。

A : I want to build greater arm strength. Do you recommend training with weights?

B : I think trying to bench press a little weight is the perfect plan for you.

A : Right. I'll start small and lift a greater weight later. I won't strain my back that way.

A: もっと腕の力を強くしたいんです。ウェイトを使った運動がいいですか？
B: あなたには軽いウェイトでベンチプレスをやってみるのが最適なやり方だと思います。
A: わかりました。まず軽いものから始めて、その後重いウェイトを上げるようにします。そうすれば、腰（背中）を痛めることもないでしょう。

One Point

語頭、語末のあり得る子音連続の知識を使って、どこで区切れば知っている単語の連続になるかを考えながら聴くことです。

Lesson 34

LEVEL ★★☆

you の前で変化する音 (meet you, need you)

ここでの耳練・口練

you の [j] の音の前に [t, d, s, z] などの語末がくると、音が融合して変化します。ここではそれを見てみます。

CD 64 聴いてみる・声に出して言ってみる！

1 t + j → tʃ　Nice to meet you. [naistəmiːtʃu]（ナイスタミーチュ）

2 d + j → dʒ　I need your help. [ainiːdʒəhelp]（アイニージャヘルプ）

3 s + j → ʃ　I miss you. [aimiʃu]（アイミシュ）

4 z + j → ʒ　Close your eyes. [klouʒəaiz]（クロオウジョアイズ）

1）お会いできてうれしいです。
2）私にはあなたの助けが必要です。
3）あなたがいなくて私は寂しい。
4）目を閉じなさい。

語末の [t, d, s, z] が語頭の [j] と連続すると、[tʃ, dʒ, ʃ, ʒ] という1つの音に融合することがあります。

CD 64 Nativeはこう発音する！

変化しない発音と比べてみましょう。

1 Nice to meet you.　　　　Nice to meet‿you.

2 I need your help.　　　　I need‿your help.

3 I miss you.　　　　　　　I miss‿you.

4 Close your eyes.　　　　Close‿your eyes.

なるほど解説

　融合しないほうが折り目正しい発音で、融合するほうが口語的な発音ですが、同時に、融合しないのは古くさくて堅苦しいと感じられます。昨今では日常の会話では融合するのが普通で、融合しないのは演説をするなどよほど堅苦しい言い方をするときです。

　この変化は単語にまたがって起こるもので、1単語のなかでは起こりません。たとえば courtyard では [t] と [j] が連続していますが、全体として1単語ですから [kɔɚtjɑɚd] のままで [kɔɚtʃɑɚd] とはなりません。

Lesson 34｜you の前で変化する音　187

口練 Basicトレーニング

次の例を、[j] の前での子音の変化に注意して聴きとり、自分で発音しましょう。

1. Where did you get your new bike?
2. I met your brother at your mother's party.
3. You'll be glad you didn't eat yet.
4. I bet you didn't think I'd graduate this year.
5. Are those your dogs over there in Matt's yard?
6. Didn't you know that he's your new teacher?
7. He said he loves you and wants to kiss you.
8. He wasted his youth by drinking too much in those years.
9. I got your email about your problem.
10. Why didn't you let your girlfriend read your story?

1) 新しい自転車はどこで買ったの？
2) あなたのお母さんのパーティであなたのお兄さん（弟）に会いました。
3) まだ食事をしていなくてよかったと思うでしょう。
4) あなたは私が今年卒業すると思っていなかったに違いない。
5) 向こうの Matt の庭にいる犬たちはあなたの犬ですか？
6) 彼があなたの新しい先生だって知らなかったの？
7) 彼はあなたのことが大好きでキスしたいと言ってるよ。
8) 彼は当時酒の飲みすぎで青春を台無しにした。
9) あなたの問題についての電子メールを受け取りました。
10) どうして恋人にあなたの作品を読ませなかったのですか？

会話体でAppliedトレーニング

次の対話を、状況と意味を考えながら聴き取りましょう。
聴き取ることができたらA、Bの役を演じてみましょう。

A: So, who'd you meet at your new school today?

B: Remember Fred? He took your sister to the dance to please your mother.

A: Was Fred there? I'm glad you made yourself such a good friend.

A: それで、今日新しい学校でだれに会ったの？
B: Fred を覚えてる？　君のお母さんを喜ばせるために君の妹（姉）をダンスに連れて行った彼だよ。
A: Fred が学校にいたの？　あなたにあんないい友達ができてうれしいわ。

One Point

you を言う場合、その前の子音との音の融合を意識しましょう。

Lesson 34 | you の前で変化する音

Lesson 35

★★★ LEVEL

変化する「ラ行」の音 (little, mirror, pudding)

ここでの耳練・口練

日本語のラ行の音との関係で気をつけるべき3種類の音を見ます。語中で聴き取りづらい r、母音のように働く l、日本語のラ行の音に似た音に化ける語中の t と d です。

CD 66 聴いてみる・声に出して言ってみる！

1　Mr. Trundle thinks it'll rain a little.

2　This horror movie is about a scary mirror.

3　Betty made a lot of pudding.

1）Trundle 氏は少し雨が降るだろうと思っている。
2）このホラー映画は、怖い鏡についてだ。
3）Betty はプディングをたくさん作った。

　　英語では日本語話者の耳には紛らわしく聴こえる音がいくつかありますが、上は「母音のように働く l」、「語中で聴き取りづらい r」、日本語のラ行の音に似た音に化ける「語中の t と d」の例です。
　　この段階で英語の [r] と [l] が「ル」のような（ラ行の）音であると思っている人は読者にはいないと思いますが、1と2を聴いてもどこにも「ル」と聴こえる [r] と [l] の音はないことを確かめてください。

CD 66 Nativeはこう発音する！

　もう一度聴いてみましょう。トランドル、リトル、ホラー、ミラーというようなカタカナ英語の発音は聴かれないことを確認してください。

1 Mr. Trundle thinks it'll rain a little.

2 This horror movie is about a scary mirror.

3 Betty made a lot of pudding.

なるほど解説

　語末の [tl] と [dl] という連続では、以前にも見ましたが、[l] は母音的な働きをして「ウ」のように聴こえます。語中の [r] は語頭の [r] ほど明確な始まりを持たず、mirror は「ミラー」というよりは、しいていうと「ミワー」と聴こえます。また、語中の t や d は綴りどおりであればタ行やダ行の音が聴こえてもよいはずですが、実際には日本語のラ行のような音が聴こえます。この音を [ɾ] の記号で表します。

　アメリカ英語では [t] と [d] に続く母音に強勢がないと、日本語のラ行の音のように舌が上の歯茎を弾く音 [ɾ] に変わります。そのため Betty は「ベリ」[beɾi] のように、pudding はまさに「プリン」[puɾiŋ] のように聴こえます。この変化は語をまたいでも起こります。made a は「メイラ」[meiɾə]、lot of は「ララブ」[lɑɾəv] になります。

Lesson 35 | 変化する「ラ行」の音

口練 Basicトレーニング

次の例を、[l] [r] [ɾ] に注意して聴き取り、自分で発音してみましょう。

1 Little by little, Patty is getting fatter.

2 I'm putting the metal ladle in this kettle.

3 What'll you tell the waiter about the butter?

4 Betty cuddled her teddy bear and put it in her cradle.

5 He's poorer but cheerier since he became a laborer.

6 Our terrier seems terrified of the mirror.

7 You should sample our local food and our powerful alcohol.

8 Material possessions do not bring durable happiness.

9 Laura had a typical upbringing in a rural area.

10 Ms. Randle may stumble upon a logical solution.

1）少しずつ Patty は太っている。
2）このやかんに金属のお玉を入れている。
3）バターについてウェイターに何と言うの？
4）Betty は自分のテディベアを抱いて、自分の（子供用）ベッドに入れた。
5）労働者になって以来、彼は以前よりも貧しいが以前よりも元気だ。
6）わが家のテリアは鏡が怖いようだ。
7）私たちの郷土料理と強力なお酒をぜひ試してみるべきです。
8）物を持っていても永続的な幸福をもたらさない。
9）Laura は田舎の典型的な育ち方をした。
10）Randle さんは論理的な解決策を偶然見つけるかもしれない。

会話体でAppliedトレーニング

次の対話を、状況と意味を考えながら聴き取りましょう。
聴き取ることができたらA、Bの役を演じてみましょう。

A: There was a little trouble in the middle of Peter's party.

B: I heard. Due to a terrible error, Peter's bitter ex-girlfriend Carrie was invited.

A: Right. And when Carrie arrived, Peter had to bottle up his volatile temper.

A: Peter のパーティーの最中にちょっとしたトラブルがあったんだ。
B: 聞いたわ。ひどい手違いで、まだ怒りが収まらない元恋人の Carrie が招かれてたそうね。
A: そうなんだ。そして Carrie がやってきた時、Peter はかんしゃくを抑えなければならなかったんだ。

One Point

語末のlは「ウ」(または「オ」)に、語中のrはwのように聴こえます。強勢のないラ行の音が聴こえたと思ったら、それは [ɾ] でtかdです。

Lesson 35 | 変化する「ラ行」の音

Lesson 36

★★★ LEVEL

化ける「ン」の音 (on the team, international)

ここでの耳練・口練

　[n] はそれに続く単語の語頭の子音によって変化します。また [ð] と [t] はその前の [n] に変化を起こし、自らも [n] に似た音になります。この変化は語の中でも起こりますし、語をまたいでも起こります。

CD 68 聴いてみる・声に出して言ってみる！

まずはゆっくりと発音したものを聴きましょう。

1 Jason is in poor health and in bed right now.

2 I will pay in cash, just in case you need it later.

3 In the beginning there were many players on the team.

4 It's an international center of entertainers.

　1) Jason は健康がすぐれず、今床に伏している。
　2) 君が後で必要になるかもしれないから現金で払いましょう。
　3) 最後にはだれもチームに残っていなかった。
　4) それは国際芸能人センターです。

ここでは m は [m]、n は [n] として発音されています。

CD 68 Nativeはこう発音する！

次に速く発音したものを聴いてみましょう。

1 Jason is in poor health and in bed right now.
[...impuɚ...imbed]（... イム**プァ** ... イム**ベッ**ド ...）

2 I will pay in cash, just in case you need it later.
[...iŋkæʃ...iŋkeiʃu...]（... イン**キャ**ッシュ ... イン**ケイ**シュ ...）

3 In the beginning there were many players on the team.
[...inəbiginiŋ...ɑnəti:m]（イナビ**ギ**ニン ... アナ**ティー**ム）

4 It's an international center of entertainers.
[...inɚnæʃənl...senɚ...enɚteinɚz]
（... イナ**ナ**ショヌル ... **セ**ナ ... エナ**テイ**ナズ）

なるほど解説

1と2は、音として聴き分けるのは難しいかもしれませんが、聴き分けができなくとも聴き取ることはできます。

3は、まず in the beginning, on the team の in, on の [n] が、次の [ð] を発音する舌の位置に変化します。この音を ð̃ と表します。次に the の [ð] がその前の鼻音に影響を受けて、同じく [ð̃] に変わります。早く発音するために [ð̃ð̃] が [ð̃] に短縮されます。in the beginning [inðəbiginiŋ] → [ið̃ð̃əbiginiŋ] → [ið̃ð̃ əbiginiŋ] → [ið̃ əbiginiŋ], on the team [ɑnðəti:m] → [ɑð̃ð̃əti:m] → [ɑð̃ ð̃əti:m] → [ɑð̃ əti:m]

細かいことではありますが、[ɑnəti:m] と聴こえても、[ɑnðəti:m] が意図されているということもあります。定冠詞 a と不定冠詞 the とでは意味に重要な差が出ますから、この点をよく心得ておかねばなりません。

4の international, center, entertainer も nt という連続に同様のことが起こり、[nt] が [nn] になり、そして [n] になってしまいます。「セナ」のように聴こえるのが center であるということは、カタカナ英語的にセンターとだけ覚えていたのでは気づかないでしょう。

口練 Basic トレーニング

次の例を鼻音の変化に注意しながら聴き取り、発音してみましょう。

1 Why are those tin cans on the kitchen counter?

2 You need an interlude in the shade after sun bathing.

3 Shin guards are required in intercollegiate football.

4 We need an international effort to save the rain forest.

5 The rainbow was easy to see from the stone bridge.

6 This new raincoat is absolutely stain-proof.

7 Your pain pills are in the bottom drawer.

8 Bring me some gum drops during the intermission of this courtroom drama.

9 You got seven pins, but there's an interval between the last three.

1）なぜあれらのブリキの缶がキッチンカウンターにあるの？
2）日光浴の後は日陰でひと休みが必要だ。
3）大学フットボールではすねあてをしなければならない。
4）熱帯雨林を救うためには国際的な努力が必要である。
5）その虹は石橋からよく見えた。
6）この新しいレインコートは完全防水だ。
7）あなたの痛み止めは一番下の引出しにあります。
8）この裁判劇の幕間に僕にガムドロップを持ってきて下さい。
9）7本ピンを倒したけれど、残った3本がスプリットになっている。

会話体でAppliedトレーニング

次の対話を、状況と意味を考えながら聴き取りましょう。
聴き取ることができたらA、Bの役を演じてみましょう。

A: Have you seen my German book? It has a brown cover.

B: The one called "Intermediate German?" It's on the bedroom table.

A: Thanks. I'll be in the yard under the plum trees. Please don't interrupt me.

A: 私のドイツ語の本を見た？　茶色の表紙のよ。
B:『中級ドイツ語』ってやつ？　寝室のテーブルの上にあるよ。
A: ありがとう。庭のスモモの木の下にいるわ。邪魔しないでね。

One Point

in a と in the は、「ンの音が化ける」と、ときに同じように聴こえます。聴き取れるようにするには、どのような変化が起こっているかを理解することが大切です。

Lesson 37

覚えておきたい短縮表現（going to, should have）

ここでの耳練・口練

ここでは、特別に強調されない限り弱く発音される「助動詞」や「前置詞」を見てみましょう。速く発音されると耳にとらえにくい音の一つです。

🎧 聴いてみる・声に出して言ってみる！

1 I'm going to do what I've got to do.

2 I should have stayed out of the dispute.

3 He had to get out of the country.

1）やらなきゃならないことをやる。
2）もめ事に関わり合いになるべきではなかった。
3）彼は国を出なければならなかった。

助動詞、前置詞などは強調しない限り弱く発音されますから、速い発音ではそれらを含む表現は字面とはかなり違って聴こえます。まずはゆっくりと発音したものを聴いてみましょう。上記の例は問題なく聴き取れるはずです。

🎧70 *Native*はこう発音する！

では、今度はネイティブのふつうの速さで聴いてみましょう。ずいぶん違います。

1 I'm going to do what I've got to do.
　　[...gənə...gɑɾə...]（... ガナ ... ガラ ...）

2 I should have stayed out of the dispute.
　　[...ʃuɾəv...auɾəv...]（... シュラヴ ... アウラヴ）

3 He had to get out of the country.
　　[...hæɾəgeɾauɾəv...]（... ハラゲラウラヴ ...）

なるほど解説

速く発音すると強勢のない母音がすべて [ə] になり、隣接する子音はそれぞれに混じり合います。1の going to [gouiŋtu] では母音 [oui] と [u] ともに [ə] になり、[ŋ] と [t] は互いに影響し合って [nn] となり、さらに [n] に融合します。その結果 [gənə] となります。実際 gonna と綴られることもあります。got to [gɑt tu] では to の母音が [ə] に弱まり、[tt] が1つの [t] になり、母音に挟まれた [t] はラ行に似た音 [ɾ] になるため、「ガラ」[gɑɾə] となります。2の should have [ʃud hæv] では強勢のない have の語頭の子音が脱落し、母音 [æ] が [ə] に弱まり、結果 [d] が母音に囲まれるために [ɾ] になって、「シュラヴ」[ʃuɾəv] となります（さらに have の母音を落として [ʃudv] と発音する場合もあります）。out of も of の母音が [ə] に弱まり、母音に挟まれた [t] が [ɾ] になって、「アウラヴ」[auɾəv] となっています。3の had to は to の母音が [ə] に弱まり、連続する [d] と [t] が [tt] を経て [t] になり、母音に挟まれているために [ɾ] になって、「ハラ」[hæɾə] となっています。get out of では2つの [t] が母音に挟まれて [ɾ] になり、かつ強勢がない of の母音が [ə] に弱まっています。

口練 Basicトレーニング

次の例を聴き、弱くなって変化している音に注意して発音してみましょう。

1 I'm going to go to the store because I have to get bread.

2 You ought to give up sweets if you want to lose weight.

3 I didn't want to be late, but I had to stay after school.

4 We've got to get out of this place.

5 She should have been here by the middle of class.

6 Give me a minute to say goodbye.

7 Let me go talk to that guy over there.

8 She must have gone to bed because she has to get up early.

1）私はパンを買わなければならないのでその店に行きます。
2）体重を減らしたいなら甘いものをあきらめるべきだ。
3）遅くなりたくはなかったが、放課後残らなければならなかった。
4）ここを出なければならない。
5）授業の半ばまでには彼女はここに来ているべきだった。
6）さよならを言う時間を少しください。
7）あそこにいる奴と話をさせてくれ。
8）彼女は朝早く起きなければならないのでもう寝たにちがいない。

会話体でAppliedトレーニング

次の対話を、状況と意味を考えながら聴き取りましょう。
聴き取ることができたらA、Bの役を演じてみましょう。

A: I'm going to look at these vacation brochures. You want to join me?

B: No, I have to finish this work. I shouldn't have wasted time last weekend.

A: You really ought to take it easy. We've got to get away from here sometimes.

A: これらの休暇のパンフレットを見るんだけど、一緒に見る？
B: ううん、この仕事をすませないと。先週末、時間を無駄にするんじゃなかったわ。
A: もう少しのんびりしないとダメだよ。ときにはここから脱出しないとね。

One Point

弱い母音は [ə] になり、子音は脱落したり混じり合ったりして変化します。しかし「ガナ」はどのように聴いても going to には聴こえません。going to のはしょった発音として覚えてしまい、自分でも何度も使ってみましょう。

Lesson 38

慣用的な省略

ここでの耳練・口練

日常のやりとりでは、文頭のわかりきっている部分がよく省略されます。その省略表現に慣れましょう。

CD 72 聴いてみる・声に出して言ってみる！

まずはわかりやすいものから、何が落ちているかを考えてみてください。

1 You coming?

2 Had enough?

3 See you later.

4 Get it?

5 No problem.

6 Sorry. Didn't catch that.

1）来る？
2）十分？
3）さようなら。
4）わかる？
5）大丈夫。
6）ごめん。聞こえなかった（わからなかった）。

　何度も使われる表現では文頭のわかりきっている部分を落とすことがあります。聴こえない部分を聴き取るというのは究極の聴き取りです。文脈で復元できる例が多くありますが、結局はそれぞれの表現を自分のものにするのが一番の近道です。

🎧CD 72 Nativeはこう発音する！

省略された文と、もとの文を比較して聴いてみましょう。

1	You coming?	Are you coming?
2	Had enough?	Have you had enough?
3	See you later.	I'll see you later.
4	Get it?	Do you get it?
5	No problem.	I've no problem with that.
6	Sorry. Didn't catch that.	I'm sorry. I didn't catch that.

なるほど解説

　通常の文では、文頭に文脈との関連のあるものがきて、文末に重要なものがきます。そのため手短に言いたいときには文頭のものが脱落します（Patricia を Trish と縮めたり、Elizabeth を Beth と縮めたりするのに少し似ています）。この例の場合のように、後ろの動詞の形と状況で何が脱落しているかがよくわかる場合もあります。

Lesson 38 | 慣用的な省略　203

口練 Basicトレーニング

次の例を聴き、元の表現の意味を考え、状況を想像しながら発音してみましょう。

1　Got a question for you. (I have got a question for you.)
2　Gotta run./Got to run. (I've got to run <somewhere>.)
3　Be seeing you. (I'll be seeing you.)
4　Catch you later. (I'll catch you later.)
5　No idea. (I have no idea.)
6　Any questions? (Do you have any questions?)
7　Been there, done that. (I've been there and I've done that.) — うんざりしていることを暗示
8　Sorry about that. (I'm sorry about that.)
9　Working hard? (Are you working hard?)
10　Isn't it? (Yes, it is, isn't it?)
11　Doesn't he? (Yes, he does, doesn't he?)
12　Feels good! (That feels good!)
13　Final answer? (Is that your final answer?)
14　Last chance! (This is your last chance!)
15　Fat chance! (You have a fat chance of being successful!) — 見込みがないことを強調する口語表現
16　Way to go! (That's the way to go!)

1）君に聞きたいことがある。
2）行かなきゃ。
3）じゃあね。
4）また後で。
5）わからない。
6）質問は？
7）そんなことはわかっている。
8）すまない、気の毒に。
9）頑張ってる？
10）だね。
11）だね。
12）いい感じ！
13）それでいいんだね？
14）これで最後だよ！
15）無理だね！
16）いいぞ、その調子！

CD 73 会話体でAppliedトレーニング

次の対話を、状況と意味を考えながら聴き取りましょう。
聴き取ることができたらA、Bの役を演じてみましょう。

A: Hey, you okay? Working hard?

B: No, hardly working. Hot enough for you? Man, it's humid!

A: Isn't it? Well, catch you later. Got to run.

> working hard「一生懸命に働く」と hardly working「ほとんど働かない」は ly と順序を除けば同じで、一種の言葉遊びになっている

A: ねえ、大丈夫？　頑張ってる？
B: ううん、ちっとも。十分に暑いかい？　ほんとに蒸し暑いな！
A: だよね。じゃあ、また後で。行かなきゃ。

One Point

　このような慣用的省略は決まりきった表現として覚えてしまうのが一番です。繰り返し声に出して言ってみて、自分のものにしてしまいましょう。

Lesson 38 | 慣用的な省略

Lesson 39

★★
☆☆☆ LEVEL

前置詞や接続詞の聴き取りや発音

ここでの耳練・口練

具体的な意味に乏しいけれども文の解釈に重要な働きをする語を「機能語」といいます。ここでは、弱く発音されるときの機能語の聴き取りと発音を練習をします。

CD 74 聴いてみる・声に出して言ってみる！

次の例を下線部の発音に注意して聴いてみましょう。

1 When're you planning to ask her out?
[wenɚjə...æskɚaut]（ホエナヤ … アスカラウト）

2 You needn't be afraid of them.
[jə...əfreidəvəm]（ヤ … アフレイダバム）

Don は Donald の愛称

3 Don and I plan to go to the park or the zoo.
[dɑnənaiplænəgourəðəpɑɚkɚ...]（ダナナイプラナガラザパーコア …）

4 She's not just one of the best violinists, but the best.
[...əvð...ði:best]（… アブザ … ジーベスト）

1) いつ彼女をデートに誘うつもりだい？
2) 彼らのことを恐れる必要はない。
3) Don と僕は公園か動物園に行くつもりだ。
4) 彼女は優秀なバイオリン奏者の一人ではなく、最も優秀な奏者だ。

1−3 では、you, her, them, and, or がそれぞれ [jə] [ə] [əm] [ən] [ɚ] と弱く発音されています。4 では同じ the でも最初のほうでは [ðə] と弱く、後のほうでは強調のため [ði:] と強く発音されています。

🎧CD74 Nativeはこう発音する！

強調した場合と比較してみましょう。

1 When're you planning to ask her out?

2 You needn't be afraid of them.

3 Don and I plan to go to the park or the zoo.

4 She's not just one of the best violinists, but the best.

🔵なるほど解説

　名詞、動詞、形容詞のようにそれなりの具体的な意味がある語を「内容語」といいます。一方、具体的な意味に乏しいけれども文の解釈に重要な働きをする前置詞、接続詞、人称代名詞などを「機能語」といいます。

　機能語は、特に強調や対比する必要がないときは弱く短く発音されます。強く発音されている場合には聴き取りも容易ですが、弱く発音されている場合でも文解釈の上では重要な働きをしています。弱く発音されたときに正確に聴き取ることは、正しく文意を理解する上で重要です。まず耳で聴いて確かめて、次に声に出して練習してみましょう。

口練 Basic トレーニング

次の例を聴き、機能語の弱くなったり、さらに変化した音に注意して発音してみましょう。

1 She put her books on her bed when she got home.

2 When I find them, I'm going to tell them the news.

3 You should give him some money to ride in his car.

4 I got this gift for *you* and not for *them*. （youとthemの対比）

5 I spent a lot of money on a nice box for you.

6 I had an easy time on *that* assignment, unlike *this* one.
（thatとthisの対比）

以下の対話では機能語が強調されて、of は [ɑv]、he は [hiː] と強形で発音されています。

7 A : Do you know Peter Brown?

　 B : Well, I know of him.

8 A : Is John OK?

　 B : John? Oh, he's okay. I'm worried about his brother.

1）彼女は家に帰ると本をベッドの上に置いた。
2）彼らを見つけたら、その知らせを教えてやろう。
3）彼の車に乗せてもらうなら、彼にいくらかお金を払うべきだ。
4）この贈り物はあなたのために買ったのであって、彼らのためではない。
5）あなたのために、素敵な箱にたくさんのお金を支払った。
6）この宿題とは違って、その宿題は楽だった。
7）A : Peter Brown を知ってる？
　 B : そうだね、（個人的には知らないけど）名前を聞いたことはあるよ。
8）A : John は大丈夫？
　 B : John？　ああ、彼なら大丈夫だよ。彼の弟（兄）のほうが心配なんだ。

CD 75 会話体でAppliedトレーニング

次の対話を、状況と意味を考えながら聴き取りましょう。
聴き取ることができたらA、Bの役を演じてみましょう。

A : Mary's teacher gave her an A in her physics course.

B : So, she got an A in the same course that you got a C in?

A : But that teacher is famous for his easy grading.

All his students get good grades in his classes.

A：Maryの先生は彼女に物理でAをやったんだって。
B：じゃあ、彼女はあなたがCをとったのと同じ科目でAをとったっていうこと？
A：でもあの先生は成績が甘いので有名だ。彼の授業では学生はみんないい成績をもらうんだ。

One Point

機能語の聴き取りでは、耳だけでなく文法の知識も動員することが大切です。

Lesson 40

★★★ LEVEL

イギリス英語・オーストラリア英語の発音

1. イギリス英語

　イギリスにはいろいろな方言がありますが、ここでは標準語の発音だけをみましょう。このタイプの英語は「r なし（r-less）」と呼ばれます。もちろん red や sorry のように母音の前の r が消え去っているわけではありません。語尾や子音の前に「r の色合いの母音」がないということです。具体例を聴いてください。

CD 76

① His father was an artist.（彼の父親は芸術家だった）
　The car disturbed the calm.（その車が静けさを壊した）

　下線を引いた部分は綴りに r があってもなくても、[ɑː] と発音されています。次の②〜④の下線部には r の字が入っているのに、それぞれ [əː], [iə], [eə], [ɔː] という「r の色合い」のない母音が使われています。

CD 76

② The bird is a little nervous.
　（その小鳥は少し神経質になっている）
　Without your twirling the earth can spin.
　（あなたが回さなくたって地球は回るのよ）

CD 76

③ We're here to hunt deer.
　（私たちは鹿を狩りにここに来ているのです）
　His beard makes him look weird.
　（彼はその髭のせいで薄気味悪く見える）

CD 76

④ I can't bear this stale air.
　（ここのよどんだ空気には我慢できない）
　These types of chairs are pretty rare.

［第二部］実践編

（この種の椅子は結構珍しい）

⑤ I was bored with the board meeting.
（理事会には飽き飽きした）
I need more horses.（もっと馬の数が必要だ）

③の [iə] については、その出だしの [i] がアメリカ英語の [i:ɚ] の [i] にくらべてかなり舌の位置の低い母音であることに注目してください。④の bear, air, chairs, rare の母音の出だしは、舌の位置がアメリカ英語にくらべてずっと低い（p.73の図1でいうと[e]と[æ]の中間に近い）のもイギリス英語の特徴です。また⑤の [ɔ:] は、アメリカ英語の [ɔ:ɚ] の出だしにくらべてずっと舌の位置が高く、唇の丸めが強いことにも注意してみてください。イギリス英語でも前世紀の初めぐらいまでは bore, more, door などに [ɔə] という発音がありましたが、現在は [ɔ:] 一色になりました。そのため、caught と court、bawd と board、bort と bought などがそれぞれ同じ発音となっています。

次の例も聴いてみましょう。

⑥ moor [mɔ:], tour [tɔ:], gourd [gɔ:d], poor [pɔ:], sure [ʃɔ:], curious [kjɔ:riəs], secure [sikjɔ:], endure [indjɔ:], your [jɔ:], you're [jɔ:]

少し前まではイギリスでも tour, gourd などに [uə] が用いられましたが、今ではこれに類した語のほとんどが [ɔ:] で発音され、[uə] はほとんど姿を消しました。

このように「rなし」のイギリス英語なのですが、語形変化や次に続く語が母音で始まっていたりすると、綴り字の r が音として「復活」します。bore は [bɔ:] ですが boring は [bɔ:riŋ]、care は [keə] なのにcarer は [keərə] です。例を聴いてください。「復活」した r に下線を引いておきます。

⑦ after a while [ɑ:ftr̲ ə wail], over and over again [əuvr̲ ənd əuvr̲ əgen], father and son [fɑ:ðr̲ ən sʌn], more and more people [mɔ:r̲ ən mɔ: pi:pl]

次の例文も聴いてみましょう。

⑧ Don't go home alone. [dəunt gəu həum ələun]
（一人で家に帰ってはだめよ）

　アメリカ人なら [ou] を使う語が並んでいます。これに対応するイギリス発音では、出だしが about [əbaut] の [ə] の音なのです。中には [u] へ移行しても唇の丸めを加えないため、girl も goal も同じように [gə:l] と発音する人もいます。
　次は、アメリカ英語なら [æ] を使う語に、イギリス英語では [ɑ:] を使う例です。

⑨ pass [pɑ:s], path [pɑ:θ], bath [bɑ:θ], aunt [ɑ:nt], class [klɑ:s], after [ɑ:ftə], disaster [dizɑ:stə]

　むろん、前者の [æ] がイギリス英語では全部 [ɑ:] で発音されるわけではありません。イギリス英語でも ant は [ænt]、romance は [rəumæns] です。
　このような違いもあります。

⑩ box [bɒks], fox, [fɒks], bomb [bɒm], cop [kɒp], cod [kɒd], long [lɒŋ]

　アメリカ英語なら [bɑ:ks], [fɑ:ks], bomb [bɑ:m] のように [ɑ:] が使われる語です。イギリス英語の [ɒ] は、[ɑ:] に唇の丸めを加えた音といっていいでしょう。実のところ、アメリカ英語の dog [dɔg] , log [lɔg] などの [ɔ] よりも唇の丸めは強いほどです（発音記号は同じですが）。それでも「日本語耳」には「ア」のように聴こえてしまうことがありますから注意が必要です。

　さらに次の例を聴いてください。アメリカ英語の [sekrəteɚri:], [kærəgɔɚri:] などにくらべて、ずいぶん簡略化されている気がしませんか？

⑪ secretary [sekrətri], momentary [məumən tri],

sedentary [sedntri], category [kætəgri], inhibitory [inhibitri], allegory [æligri]

一般に、イギリス英語のほうが「音の簡略化」の点で一歩進んで（？）いるのです。February [februəri] を [febri]、library [laibrəri] を [laibri] と発音する人も少なくありません。次の文はどうでしょうか？

⑫ The manuscript was destroyed by a fire [fɑː].
（その文書は火災で燃えてしまった）

　音だけ聴くと、最後の部分は by far の間違いかと、とまどってしまいますね。英語には fire, flower, player, slower, employer に代表される「三重母音」なるものがあります。イギリス英語でも特に慎重な発音ではそれぞれ [faiə], [flauə], [pleiə], [sləuə], [implɔiə] なのですが、通常の言い方では真ん中の [i] や [u] を省略してしまって、[faːə], [flaːə], [pleə], [sləə] (=[sləː]), [implɔːə] と発音します。なかにはもっと進んだ（？）人もいて、こういう人たちの発音では tyre-tower-tar がすべて [tɑː]、shire-shower-Shah がすべて [ʃɑː] となっています。⑫では fire が far [fɑː] と同音になっています。
　子音では、アメリカ英語の better [beɾɚ], butter [bʌɾɚ] の [ɾ] はイギリス英語には現れません。綴りどおり [t] で発音されるか、あるいは弱まって [s] が使われることも珍しくありません（[besə], [bʌsə] など）。

　最後に、イントネーションに関する特徴があります。イギリス英語では ˉHave you been to ↗Paris?, ˉAre you ↗tired?, ˉDo you ˉlike ↗cricket?, ˉWhich one do you pre↗fer? などのように、疑問文の出だしに高いピッチを使うのが普通ですが、これはアメリカ人の耳には気取った、あるいは好奇心を強調しすぎた言い方に聴こえるようです。またイギリス人が多用する上昇調は、アメリカ人には sissy に響くらしいと、あるイギリス人音声学者が言っていました。

2. オーストラリア英語

cultivated（教養ある）、general（一般の）、broad（丸出しの）に分かれているオーストラリア英語のうち、cultivated はイギリス英語とほとんど同じなので省き、後の2つの特徴を見ましょう。⑬〜⑰の例文を聴いてください。

CD 77 ⑬ The bar here doesn't serve proper beer.
（ここのバーはちゃんとしたビールを出さない）

下線を引いた部分には [ɚ] が使われていません（つまり「r なし」です）。これはイギリス英語と共通です。

CD 77 ⑭ I paid eighty dollars for great seats at the station.
（私は良い座席を買うのに駅で80ドル払った）

オーストラリア英語の中で最も目立つ特徴の一つで、英米語の [ei] が [ʌi] ないし [ai] と発音されます。

CD 77 ⑮ I left Bob's coat on top of Tom's Honda.
（私は Bob の上着を Tom のホンダ車の上に置いた）

下線部は、イギリス英語の [ɒ]とほぼ同じように発音されます。

CD 77 ⑯ Watch your attitude when I introduce you to the producer.
（私が君をプロデューサーに紹介するときは態度に気を付けなさい）

下線の母音はアメリカ英語のように [uː] ではなく [juː] で発音されます。

CD 77 ⑰ Dottie wants a little water later.
（Dottieは後で水を少し必要とするでしょう）

下線部はアメリカ英語と違って [ɾ] では発音されません。しか

し無声の [d̥]、つまり弱い [t] が使われることはあります。

では、次の⑱〜㉒の例文を使って耳慣らしをしましょう。

⑱ [ʌi, ai]
The waiter dropped the plate with my steak on it.
(そのウェイターは私のステーキを乗せた皿を落としてしまった)

I can't stay here too late because I made a train reservation.
(列車を予約してあるので、あまり遅くまでここにいられません)

⑲ [juː]
That studious guy reaches conclusions that elude other students.
(その勉強熱心な彼は、他の学生に理解できない結論を導き出す)

It's my duty to reduce the intrusions on the studio owner's privacy.
(スタジオ所有者のプライバシー侵害を減らすのが私の義務です)

⑳ 「r なし」
Be careful of those pears Peter left on the stairs.
(Peter が階段に置いていった梨に気を付けなさい)
I'm sure you're going to cure the poor girl.
(あなたなら、あの哀れな女の子を治すと確信しています)

㉑ [t, d̥] (flapped vs. unflapped [t])
I'm just sitting here eating some bitter chocolates.
(私はここに座って苦いチョコレートを食べているだけです)

㉒ [ɒ]
John likes Bob, but Bob doesn't like John.
(John は Bob を好きだが、Bob は John を好いていない)

Lesson 40 | イギリス英語・オーストラリア英語の発音

次はオーストラリア人 A さんとアメリカ人 B さんとの対話です。どうです？ 聴き分けられますか？

㉓ A: S<u>ay</u>, can you direct me to Grand Central Station? I came to New York just tod<u>ay</u>.（あの、グランド・セントラル・ステーションへの道を教えてくれますか？ 今日〔トゥダイ〕ニューヨークに着いたところなんで）

B: To die? What's the matter with you? Don't s<u>ay</u> such a strange thing.（トゥダイ〔死ぬために〕？ どうしたんですか？ 変なこと言わないでください）

A: Oh, dear. Looks like we've got a m<u>a</u>jor failure to communicate here（やれやれ。この国じゃあコミュニケーションにだいぶ問題がありそうだ）

One Point

英・豪の英語はともに、母音の前以外の r を発音しないこと、water などの t を弾音化しないこと、box や hot などに [ɒ] を使う（米語のように [ɑː] でなく）など、いろいろ共通点があります。

Lesson 40　CD収録英文一覧

CD 76

① His father was an artist. / The car disturbed the calm.
② The bird is a little nervous.
　Without your twirling the earth can spin.
③ We're here to hunt deer. / His beard makes him look weird.
④ I can't bear this stale air.
　These types of chairs are pretty rare.
⑤ I was bored with the board meeting.
　I need more horses.
⑥ moor, tour, gourd, poor, sure, curious, secure, endure, your, you're
⑦ after a while, over and over again, father and son, more and more people
⑧ Don't go home alone.
⑨ pass, path, bath, aunt, class, after, disaster
⑩ box, fox, bomb, cop, cod, long
⑪ secretary, momentary, sedentary, category, inhibitory, allegory
⑫ The manuscript was destroyed by a fire.

CD 77

⑬ The bar here doesn't serve proper beer.
⑭ I paid eighty dollars for great seats at the station.
⑮ I left Bob's coat on top of Tom's Honda.
⑯ Watch your attitude when I introduce you to the producer.
⑰ Dottie wants a little water later.
⑱ The waiter dropped the plate with my steak on it.
　I can't stay here too late because I made a train reservation.
⑲ That studious guy reaches conclusions that elude other students.
　It's my duty to reduce the intrusions on the studio owner's privacy.
⑳ Be careful of those pears Peter left on the stairs.
　I'm sure you're going to cure the poor girl.
㉑ I'm just sitting here eating some bitter chocolates.
㉒ John likes Bob, but Bob doesn't like John.
㉓ A: Say, can you direct me to Grand Central Station? I came to New York just today.
　B: To die? What's the matter with you? Don't say such a strange thing.
　A: Oh, dear. Looks like we've got a major failure to communicate here.

●著者紹介

今井邦彦（いまいくにひこ）
1934年東京生まれ。東京大学文学部卒業。文学博士。東京都立大学名誉教授（英語学専攻）。本書ではLesson 1～12、40を担当。主な著書に『ファンダメンタル音声学』（ひつじ書房）、『英語の使い方』『なぜ日本人は日本語が話せるのか』（以上、大修館書店）『音韻論Ⅱ』英語学体系2』、『大修館英語学辞典』（ともに共著：大修館書店）、『Essentials of Modern English Grammar』（共著：研究社）など多数。訳書に『子供は言語をどう獲得するのか』『ことばから心をみる』（以上、岩波書店）などがある。

外池滋生（とのいけしげお）
1947年滋賀県生まれ。東京都立大学人文科学科修士課程修了、ハワイ大学大学院言語学科博士課程修了（Ph.D.）。現在、青山学院大学教授として生成文法理論を中心に、言語の背景にある規則性の不思議を教えている。専門は理論言語学、日英語比較統語論。本書ではLesson13～39を担当。主な著書に『チョムスキー小事典』『一歩すすんだ英文法』（ともに共著：大修館書店）『新英語学辞典』『Essentials of Modern English Grammar』（ともに共著：研究社）『英語徹底耳練！』（共著：実務教育出版）などがある。

Joseph T. McKim（ジョセフ・マキーム）
1955年イリノイ州生まれ、テンプル大学教育学修士課程修了（MEd）、専門分野は英語教育。明治学院大学教養教育センター講師を経て現在関東学院大学准教授。本書ではLesson13～39の英文執筆を担当。著書に『英語徹底耳練！』（共著：実務教育出版）などがある。

●ナレーション
トム・クラーク（アメリカ）、ディアドリ・イケダ（アメリカ）
レイチェル・スミス（イギリス）、ブルース・ミシェール（オーストラリア）

編集協力：丸橋　猛（巧芸創作）、芳岡倫子（五大陸）
デザイン／イラスト：齋藤信也
録音・ＣＤ編集：冨手一樹（巧芸創作）

英語 徹底口練！

2007年8月20日　初版第1刷発行
2016年10月5日　初版第3刷発行

著　者　今井邦彦／外池滋生／Joseph T. McKim
発行者　小山隆之
発行所　株式会社 実務教育出版
　　　　163-8671 東京都新宿区新宿1-1-12
　　　　電話　販売03-3355-1951
　　　　振替　00160-0-78270

印刷／精興社　製本／ブックアート　DTP：レミントン社

©2007 Kunihiko Imai, Shigeo Tonoike　ISBN978-4-7889-1436-0 C0082
本書の無断転載、無断複写（コピー）を禁じます。
本書の内容についてのお問合せは、書面かFAX（03-5369-2237）にてお願いします。
乱丁・落丁本は本社にておとりかえいたします。

好評発売中！

しばらく、英語三昧（ざんまい）！
英語 徹底耳練（てっていみみれん）！

米国ほか、英国、カナダ、オーストラリアなどの「発音」収録。

Contents

1	徹底耳練！	1〜20	TOEICリスニングPart3対応
2	徹底耳練！	21〜40	TOEICリスニングPart4対応
3	徹底耳練！	41〜50	一般英語ロング・パッセージ

すべての題材で「英語音」「英語表現」「英語意味」を完全チェックできます。

青山学院大学教授 外池滋生 編著
英文 Joseph McKim　訳・解説 外池一子
CD2枚　A5判256頁　2色刷　定価：本体1600円＋税　ISBN：978-4-7889-1433-9

「英語脳」になりきって、「英語耳」を鍛える本！
TOEIC「リスニング問題」対策にも役立つ！

基本ルール101連発！
はじめからやり直す 英文法

本書は、英文法を「はじめから、しっかりやり直す」ための本です。学校の授業でわかりにくかったことが、端的にわかりやすく説明されています。
本書を、ゆっくり着実に読破すれば、英文法や語法の力は、確実に身につきます。
コミュニケーションの英語力をつけたい人にも最適！

Contents

第1部　まず、英文法の土台（品詞、英文の要素など）
第2部　応用的な英文法（時制、態、仮定法、構文、比較・倒置など）
第3部　身近な表現と英文法（時間や距離、数量、場所、手段、原因、結果などの表現）、具体的な語法と表現例

石井隆之 著
定価：本体1400円＋税
A5判248頁
ISBN978-4-7889-1429-2

実務教育出版の本

好評発売中！

デイビッド・セインの英語塾シリーズ第1弾
最初のひと言
英語でこう言います！

まるでマン・ツー・マンの英会話教室！
CDを聴いてシャドーイングすれば、
使える英語が自然に身につきます！

Contents

第1部［スピードチェック！］その簡単なひと言をネイティブはこう言います！
1　「たった10語」で、これだけ言えます
2　その簡単なひと言をネイティブはこう言います
　1　返事の「ひと言」　　　　　　2　感想を述べる「ひと言」
　3　はげましの「ひと言」　　　　4　挨拶・問いかけの「ひと言」
　5　反論・クレーム・腹立ちの「ひと言」　6　驚き・感嘆を表す「ひと言」
　7　超簡単、ただ「ひと言」

第2部［誌上レッスン！］会話の最初のひと言、英語でこう言います！

David Thayne（デイビッド・セイン）著
Ａ５判並製　256頁　2色刷　CD付
定価：本体1500円＋税　ISBN978-4-7889-0735-5

英語脳を刺激する「発信・応答」型の会話シミュレーションブック。
日本人が苦手な、会話文の「言い出し」の表現をとくに徹底レッスン！
単なるフレーズ暗記ではなく、「やりとり」を通して英語が身につく本。

日本の「食」を、英語で語ろう！
スティーブ、
今夜スシバーにご案内しましょう

Amazon Kindleほか 電子書籍発売中！

日本の料理と食文化の不思議、どう言うの？
外国人と食事をするときに使える知識＆表現を
たくさん紹介しています。

寿司、天ぷら、とんかつ、懐石料理から、お好み焼き、立ち食いそば、おみやげ、コンビニまで、アメリカ人ビジネスマンのスティーブが体験する、おいしくて不思議でクールなニッポン。
4人の登場人物による、日本の食をめぐる会話と、日本人でも意外と知らない情報満載のエッセイからなる40ユニットを、英語と日本語の対訳で読み、自然な会話表現をCDで聴くことによって、生活に密着した英語を学ぶことができます。

Daniel Warriner（ダニエル・ワーリナ）・神崎 正哉　共著

実務教育出版の本